광고로
읽는
인문학

## 백승곤 白承坤 Baek Seung Kon

우주 유일, 세계의 광고를 교재로 놀며 공부하는 〈AIE, 창의력학교〉 교장입니다. 광고는 의약, 여행, 자동차, 음식, 환경 등 그 소재와 주제가 참 다채롭습니다. 또 문학, 경영학, 심리학, 예술 등 여러 학문이 교차하는 지점에 있습니다. 무엇보다 광고의 가장 큰 덕목은 창의성입니다. 광고는 우리 청소년들의 인문 교양과 창의 인성을 키우는 종합 자습서인 셈입니다.

거손, LG애드, 상암커뮤니케이션, ㈜R&White에서 카피라이터, 크리에이티브 디렉터, 대표이사로 광고 현장을 지킨 30년 광고장이입니다. 현재 광고 교육 프로그램 〈AIE, 광고로 꿈꾸기〉로 전국의 중·고등학교, 도서관, 박물관에서 청소년들을 만나며, 〈광고 활용 교육 Advertising In Education〉을 연구·소개하는 일에 매진하고 있습니다. plotory@naver.com

현 AIE 창의력학교 교장 www.ad-creduation.co.kr
한국방송광고진흥공사(KOBACO) 공익광고 교육현장 활용교육 강사
한국방송광고진흥공사(KOBACO) AIE 자유학기제 강사
https://www.facebook.com/adcreduation

펴낸 책 : 『광고를 펼치고 인문학을 읽다 - 창의력 교실』
(2019년 세종도서 교양부문 선정, 꿈꾸는 도서관 추천도서, 한국서점조합연합회 도깨비책방 선정도서)

인문소양과 창의인성을 키우는 광고활용교육

# 광고로 읽는 인문학

광고 읽어주는 카피라이터 **백승곤**

민속원

## 책을 펴내며

7년 전, 조그만 광고 회사를 운영하며 틈틈이 광고 강의로 대학생과 취업준비생을 만나던 때였습니다. 예의 광고장이처럼 새로운 마케팅과 광고 기법, 대중의 관심과 트렌드, 경쟁 제품, 시장의 변화 등에만 관심을 두던 내게 나는 뜻밖의 질문을 던져보았습니다. '이 흥미롭고 독창적인 광고를 청소년 교육에 활용하면 어떨까?'

한동안 머릿속에만 있던 이 질문에 대한 답을 다행히도 2004년부터 광고계에서 논의된 광고활용교육AIE : Advertising In Education에서 찾았습니다. 하지만 광고활용교육의 가능성을 논의하는 수준의 내용만으로는 만족할 수 없었고, 이후 나의 고민은 교육 현장에서 광고를 활용할 수 있는 구체적인 방법을 만드는 것이 되었습니다.

다행히 2016년부터 전국 중학교에 도입된 자유학기제의 〈광고 만들기 수업〉을 진행하며, 학생들과 함께 주제 교육 ▶ 생각 펼치기(확산적 사고) ▶ 생각 모으기(수렴적 사고) ▶ 표현하고 발표하기로 이어지는 〈4단계 광고 만들기 프로그램〉의 밑그림을 그리고 조금씩 완성해 나갈 수 있었습니다. 또 이 흥미로운 〈광고 만들기 수업〉을 학교에서뿐 아니라 도서관, 박물관에서도 진행하면서 광고 주제와 방식을 다양화할 수도 있었습니다.

이 시기에 첫 책 『광고를 펼치고 인문학을 읽다 - 창의력 교실』을 펴냈습니다. 이 책은 <2019년 세종도서 교양부문>에 선정되었고 <꿈꾸는 도서관 추천도서>, <한국서점조합연합회 도깨비책방 선정도서>에도 이름을 올렸습니다. 누구나 읽어도 좋을 양서로 인정 받았다는 생각에 저자로서 큰 보람을 느꼈습니다. 안타깝게도 코로나로 출판계에 불황이 덮치며 2년여 만에 첫 책은 절판되었고 더는 독자와 만날 수 없게 되었습니다. 하지만 두 번째 책 출간을 함께 준비하던 민속원의 제안으로 첫 책의 재출간이 가능해졌습니다.

『광고로 읽는 인문학』은 첫 책 『광고를 펼치고 인문학을 읽다 - 창의력 교실』의 개정판인 셈입니다. 몇 꼭지 광고와 글을 새롭게 해 다시 독자를 만납니다. 처음과 마찬가지로 이 책은 광고 한 편을 더 넓게 펼쳐 보입니다. 광고 속에서 역사, 문화, 예술 등 인문 교양과 마케팅, 경영, 경제와 같은 사회과학 지식을 풀어내고 창의적 발상을 이끌도록 구성했습니다. 의약품의 역사, 공유 경제, 패스트푸드, 유럽의 미술사, 바퀴의 인문학 등 광고로만 만나면 그냥 훑고 지나칠 것들을 모아 지식의 깊이와 넓이를 더했습니다. 광고가 얼마나 흥미진진한 교육 소재가 될 수 있는지 보여주고 싶었습니다.

세계의 창의적 광고는 하나같이 <과학 논리>, <문학 기지>, <예술 감각>, <인문 소양>과 <기발한 발상>이 씨줄, 날줄로 이루어져 있습니다. 좋은 광고는 인문 소양과 창의 인성을 길러주는 더없이 훌륭한 교과서이며 참고서라 말할 수 있는 이유가 바로 여기에 있습니다.

광고 읽어주는 카피라이터<br>백승곤

# 차례

책을 펴내며 • 4

### 나라마다 두통의 속사정은 다르지만 / 아스피린 ··· 12
고대 이집트에서도 알고 있던 버드나무 껍질의 효능은 한 알의 아스피린에 담겨 가정상비약이 되었지. 아스피린의 역사와 두통의 속사정을 브라질의 광고로 알아볼까?
함께 생각해볼까? / 오모 ··· 18

### 내 여행 가방이 아직 도착하지 않았다고요? / 비자 카드 ··· 22
식당카드에서 시작한 신용카드는 소비 패턴에 따라 다양한 혜택을 제공해. 카드혜택을 잘 활용하는 것도 좋은 소비 습관이지. 광고를 통해 신용카드의 경제사를 만나볼까?
함께 생각해볼까? / 한세머쿠어 ··· 30

### 세계의 여행자가 이방인이 되지 않도록 / 에어비앤비 ··· 34
'사용하지 않는 자산을 다른 사람들과 함께 이용하자'는 공유 경제를 알고 있니? 남는 방을 공유하는 에어비앤비를 통해 소유 과잉 시대의 새로운 소비에 대해 생각해보자.
함께 생각해볼까? / 론리 플래닛 ··· 41

### 깨어 있으라, 위대한 아이디어를 얻을 것이다 / 에레디야 ··· 46
잠을 깨우고 정신을 맑게 해주는 이슬람의 음료, 커피는 아프리카, 아라비아, 지중해를 돌아 유럽의 근대 계몽사상을 깨워냈어. 항긋한 커피에 녹아 있는 인문학을 만나볼까?
함께 생각해볼까? / 네스카페 인스턴트 에스프레소 ··· 54

### 빨간 사과의 유혹에도 걱정 마세요 / 지프 ··· 59
제2차 세계 대전 연합군의 소형 4륜구동 트럭으로 태어난 지프는 어떻게 세계에서 가장 사랑받는 스포츠·레저용 자동차가 되었을까? 자동차의 역사를 따라가 보자.
함께 생각해볼까? / 프레도 아이스크림 ··· 65

### 자동차는 국경 넘어 반납하면 됩니다 / 허츠 ··· 71
"우리는 No.2입니다"로 전설이 된 에이비스AVIS 광고와 "No.1의 이유를 알려 드리겠습니다"로 고전이 된 허츠Hertz 광고. 이 광고들과 함께 재미있는 마케팅 공부를 해볼까?
함께 생각해볼까? / 옴산 로직스 ··· 80

### 당신이 생명보험에 가입해야 하는 이유 / 알리안츠 ··· 83
고대 로마 병사들의 상호부조로부터 시작된 생명보험 그리고 제 1차 세계대전 후 죽음과 파괴가 만든 참혹한 현실에서 태어난 초현실주의가 만나면 어떤 광고가 될까?
함께 생각해볼까? / 세계자연기금 WWF ··· 91

### 시간 없고 돈 없는 사람들의 음식, 패스트푸드 / 리오 그란데 ··· 95
미국 산업사회의 숨은 이야기가 겹겹이 들어있는 햄버거. 패스트푸드는 왜 정크푸드라는 비난을 받는 걸까? 세계의 광고를 통해 건강과 생명을 위한 식생활을 생각해 보자.
함께 생각해볼까? / PeTA ··· 103

### 너희가 악당들과 싸우는 동안 엄마는 심장이 콩닥콩닥 / 알레만 병원 ··· 107
미국 최초의 슈퍼 히어로 슈퍼맨, 메트로폴리탄의 억만장자 영웅 배트맨, 최초의 여성 슈퍼 히어로 원더우먼. 이들의 탄생 배경과 활약을 병원 광고를 통해 만나볼까?
함께 생각해볼까? / 푸르덴셜 은퇴연금 보험 ··· 115

### 랜드마크, 한 도시의 기록 / 스트림라이트 ··· 119
광고는 랜드마크와 같은 간결한 상징과 비유를 좋아해. 독자의 상상력을 자극해서 메시지를 적극적으로 받아들이도록 하거든. 랜드마크와 함께 여행을 떠나볼까?
함께 생각해볼까? / 페텍스 ··· 125

### 코 앞까지 바짝 당겨보자 / 라이카 망원경 ··· 128
길이 60cm의 천체 망원경을 만들어 우주의 진실을 가장 먼저 목격한 최초의 근대 천문학자 갈릴레오. 망원경으로 저 멀리 광고의 세계를 보면 어떤 창의력을 만날 수 있을까?
함께 생각해볼까? / 미라클 플라이트 ··· 136

### 자연의 친구들을 위해 플러그를 뽑아주세요 / 프로페덤 ··· 140
지구온난화는 극지방은 물론 바다의 생태계까지 심각하게 위협해. 지구온난화의 위험을 경고하는 세계의 광고와 함께 지금 우리에게 필요한 행동을 생각해 보자.
함께 생각해볼까? / 세계자연기금 핀란드 본부 ··· 146

### 길바닥은 울퉁불퉁 바퀴는 투덜투덜 / 미쉐린 ··· 150
인류의 위대한 발명품 바퀴의 발전 속도는 매우 느렸어. 왜냐고? 울퉁불퉁하고 걸핏하면 진흙탕이 되는 길 때문이었어. 세계의 광고 속에서 바퀴의 인문학을 만나볼까?
함께 생각해볼까? / 굿이어 타이어 ··· 157

### 진주 귀걸이 소녀를 일등석으로 모십니다 / 웰터퓨러 ··· 161
중세 유럽 명화 속의 주인공은 왕족, 성직자 등 신분이 높은 사람에서 소탈하고 유쾌한 시민으로 바뀌지. 이 주인공들은 광고 모델로도 자주 등장하는데 어떤 광고들일까?
함께 생각해볼까? / 미술관 야간개장 ··· 168

### 나는 오케스트라의 어떤 악기일까? / 취리히 실내 오케스트라 ··· 174
성악, 성부를 보완하기 위해 현악기 중심으로 시작한 기악 합주는 관악기가 발달하면서 오케스트라가 되었지. 광고 속에서 만나는 오케스트라의 역사는 어떨까?
함께 생각해볼까? / 다버 소화제 ··· 181

### 나무 한 그루를 베면 나무 한 그루를 심습니다 / Pefc ··· 184
〈이산화탄소의 저장고〉이자 〈산소 발생기〉인 숲에 인류가 얼마나 큰 빚을 지고 있는지 생각해 보았니? 광고를 통해 숲과 생명을 지키는 데 필요한 우리의 행동을 알아보자.
함께 생각해볼까? / 프로 내츄라 ··· 190

### 온종일 쫓고 쫓기는 두 바퀴 / 부에노스아이레스 ··· 194
독일의 괴짜 남작이 만든 드라이즈네로부터 시작한 자전거의 역사를 알아볼까? 왜 세계의 모든 도시가 공공 자전거에 큰 관심을 두고 있는 지도 함께 살펴보자.
함께 생각해볼까? / ONGC 비데쉬 ··· 202

### 세계의 광고회사가 만든 세 번째 광고 ··· 207
광고 이야기가 끝날 때마다 과제처럼 내주는 세 번째 광고를 잘 만들고 있니? 종이 위에 완성할 수 없으면 머리 속에서라도 꼭 만들어 보기로 해. 그러는 동안 '창의력'이 쑥쑥 자랄 테니까.

참고자료 ··· 252

광고를
펼치고
인문학을
읽다

# 광로로 읽는
## 인문학

# 나라마다 두통의 속사정은 다르지만 / 아스피린

### 고대 수메르에서도 알고 있던 진통제

세계에서 가장 오래된 소염진통제, 매년 1,000억 알 이상 복용하고 있는 약, 그러나 아직도 그 효능이 완전히 밝혀지지 않은 의약품. 도대체 이 약은 뭘까? 바로 아스피린Aspirin이야. 아스피린의 화학명은 아세틸 살리실산Acetylsalicylic Acid인데 살리신은 버드나무를 뜻하는 라틴어 살릭스Salix에서 따온 말이야. 그런데 왜 버드나무냐고? 아스피린은 원래 버드나무 껍질에서 태어난 약이거든.

버드나무 껍질의 효능은 아주 오래전부터 알려져 있었어. 고대 이집트의 의학 교과서라 할 수 있는 『에베르 파피루스Eber Papyrus』에는 버드나무 잎을 끓여 먹으면 통증이 사라진다는 기록이 있어. '의학의 아버지'라 불리는 고대 그리스의 의사 히포크라테스 역시 출산의 고통을 줄이는 진통제와 해열제로 버드나무 껍질을 추천했지. 기원전 3,000년 고대 수메르 문명도 버드나무 껍질의 효능을 잘 알고 있었다는 기록이 발견되었어.

1763년에 영국의 한 교구 목사 에드워드 스톤Edward Stone은 버드나무 껍질을 말려서 만든 고운 가루를 50명의 학질 환자에게 먹였더니 열이 내리고 염증이 사라졌다는 결과를 영국 학술원에 보고하기도 했지. 우리나라 동의보감과 고종 때의 의학서 방약합편方藥合編에도 버드나무 껍질의 효능이 나와 있어. 버드나무 껍질은 동서양과 고금을 막론하고 통증을 가라앉히는 가장 오래된 자연 치료법인 셈이지. 아스피린은 인류가 수천 년 동안 사용해 온 자연 치료제를 현대에 와서 화학적으로 완성한 약이라고 할 수 있어.

인류의 제약 산업은 19세기 중엽에 약초에서 성분을 추출하고 합성하는 기술이 개발되고 나서야 놀라운 발전을 하게 돼. 그전까지는 효능이 알려진 약초들을 섞거나 끓여서 약을 만드는 게 고작이었지. 성분도 알 수 없는 엉터리 만병통치약, 마약 성분이 들어 있는 가짜 약을 먹은 후 부작용으로 병이 악화하거나 목숨을 잃는 일도 적지 않았어.

통증을 낫게 하는 성분은 버드나무 껍질 속에 있는 살리실산인데, 이것을 처음 추출한 것은 1828년이 되어서야. 그로부터 30년이 지난 1858년에 살리실산을 실험실에서 화학적으로 합성하면서 대량생산이 가능해졌어. 그러나 살리실산은 약효는 좋지만 먹기도 고약하고 먹은 후에 부작용도 있었지.

1897년 조그만 염료 회사로 출발해서 제약 분야로 사업 영역을 넓히던 바이엘의 펠릭스 호프만Felix Hoffmann은 이 약의 문제점을 개선하고 싶었어. 호프만의 아버지는 관절염을 앓았는데 통증을 가라앉히기 위해 먹는 살리실산의 부작용으로 고생하고 있었거든. 호프만은 연구를 거듭한 결과 마침내 새로운 화학 구조이면서 먹기 편한 아세틸살리실산 결합에 성공했어.

이렇게 개발한 약을 아세틸 살리실산이라는 복잡한 화학명으로 부를 수는 없었겠지. 그래서 새로운 이름을 지었는데 아세틸Acetyl에서 'A'를 따오고, 살리실산을 추출할 수 있는 또 다른 식물인 조팝나무의 라틴어 속명 스피라이아Spiraea에서 'SPIR'을 가져오고, 그 뒤에 발음하기 편하게 IN을 붙여 완성한 이름이 바로 아스피린Aspirin이야.

아스피린의 효능은 아주 오랫동안 알려져 왔지만, 이 약이 우리 몸에서 어떻게 작용하는지는 정확히 알지 못했어. 호프만의 연구가 성공하고 한참 뒤, 영국의 약리학자 존 베인John Vane이 아스피린의 원리를 밝혀냈고 이 연구로 1982년 노벨 생리의학상을 받았지. 존 베인은 놀랍도록 다양한 효능이 있는 이 약에 대해 '지금도 약효가 밝혀지고 있는 놀라운 신기록의 약은 아스피린 말고는 없다.'고 말했어.

처음에는 통증 완화제로만 알려졌던 아스피린은 연구를 거듭할수록 더 많은 효능이 알려지고 있어. 두통, 치통, 감기를 완화할 뿐 아니라 심장병을 예방하고 뇌졸중 재발을 방지하는데 효과가 있다는 사실이 밝혀졌지. 최근에는 치매와 암을 예방하는 효과가 있다는 보고가 나와서 학계에서 깊이 연구하고 있다고 해. 하지만 의사들은 무턱대고 아스피린을 복용하는 것은 위험할 수 있으니 주의하라고 경고하고 있어.

새롭게 발견되는 아스피린의 효능을 설명해주는 유튜브 동영상
www.youtube.com/watch?v=Rf-INFovUS0

### 더 심한 두통도 걱정 없단다

두통약 아스피린은 전 세계에서 복용하고 있는데 나라마다 독특한 방식과 소재의 광고를 선보이고 있어. 그중에서도 브라질의 독창적이고 유머 넘치는 아스피린 광고를 함께 살펴볼까?

세계 모든 나라에서 10대 딸들은 엄마, 아빠 두통의 원인인가 봐.

말 안 듣는 10대 딸만 생각해도 머리가 지끈거리는데 그 딸의 남자 친구까지 떠올리면 엄마와 아빠는 머리가 부서질 것 같겠지.

아래의 광고를 잘 살펴보면, 말 안 듣는 10대 딸teenage daughter 때문에 생기는 가벼운 두통은 아스피린ASPIRINA으로, 그 딸의 남자 친구 teenage daughter's boyfriend 때문에 생기는 심각한 두통은 효과가 조금 더 센 카피아스피린CAFI ASPIRINA으로 해결하라고 재치 있게 이야기하고 있어. 광고 오른쪽 아래에 '두통이 심해지면 아스피린도 강해집니다.'라는 슬로건으로 마무리를 하고 있지. 가벼운 두통엔 아스피린, 심한 두통에는 카피아스피린이라는 메시지를 별다른 그림 없이도 위트 넘치게 전달하고 있어.

바이엘 아스피린, 브라질, 2010년, 'If it gets stronger, we get stronger.' 두통이 심해지면 아스피린도 강해집니다.

우리나라에서는 장모님과 사위의 관계가 참 각별해. 외가에 가면 외할머니가 아빠를 잘 챙겨 주시지 않니? 그래서 '사위 사랑은 장모, 며느리 사랑은 시아버지'라는 말이 있기도 해. 그런데 브라질에서는 장모Mother in law와 사위 사이가 별로 안 좋은가 봐. 아래의 두 번째 광고를 보면 장모님 잔소리 때문에 시작되는 두통은 아스피린으로, 장모님 댁 강아지 치와와Chihuahua까지 시끄럽게 짖어대면 찾아오는 심한 두통은 카피아스피린으로 해결하라는 메시지를 전달하고 있어. (시어머니 Mother in law와 며느리로 해석해도 광고는 같은 의미겠지.)

바이엘 아스피린, 브라질, 2010년, 'If it gets stronger, we get stronger.' 두통이 심해지면 아스피린도 강해집니다.

## 세 번째 광고를 만들어볼까

앞에서 본 광고들에 이어질 세 번째 광고를 우리가 만들어볼까. 생각만 해도 골치가 지끈거리는 상황은 어떤 것이 있을까? 사람들은 언제 스트레스를 받을까? 참기 힘든 통증에는 어떤 것들이 있을까? 그리고 그보다 더 나쁜 상황은?

이런 광고를 생각할 때는 진지하거나 심각할 필요는 절대 없어. 유머와 위트를 잃지 말고 상상의 날개를 펴도록!

ASPIRINA
CAFIASPIRINA

IF IT GETS STRONGER, WE GET STRONGER.   BAYER

## 함께 생각해볼까? / 오모

아스피린 광고처럼 간단한 선만으로 멋진 아이디어를 완성한 예를 더 살펴볼까? 청소, 설거지, 빨래로 하루가 어떻게 가는지도 모르는 엄마를 생각한다면 빨랫감을 덜 만드는 게 기특한 일이겠지. 그런데 옷을 더럽히는 것은 자라는 어린 친구들의 당당한 권리라고 주장하는 기업도 있어. 엄마들과 아주 친한 생활용품 기업인 유니레버Unilever야. 이 다국적 기업에서는 오모OMO, 퍼실Persil, 서프Surf 등 여러 세탁 세제를 생산하는데 이들 제품 광고를 통해서 'dirt is good(더럽혀도 좋아.)'이라는 캠페인을 전 세계에 펼치고 있어. 'dirt is good' 광고 캠페인은 아이들이 신나게 뛰어놀다 옷을 더럽히는 것은 아이들이 건강하고 행복하게 성장하는 데 아주 중요하다는 오모의 철학을 담고 있어. 물론 더러운 빨래는 유니레버에서 만든 세탁세제에 모두 맡기라는 뜻이 담겨 있지.

긴 선과 짧은 선 그리고 그 아래 깨끗한 옷과 더럽혀진 옷으로 완성된 광고. 살짝 고개를 갸우뚱하게 만드는 이 광고는 무슨 이야기를 하려는 걸까? 옷을 더럽히고 신나게 뛰어논 사람은 상대성 이론을 발견한 세계적 물리학자 알베르트 아인슈타인으로 자라지만, 집에만 틀어박혀 있던 사람은 평범한 알베르트로 자란다는 뜻이지.

아시아나 아프리카의 가난한 나라 사람들은 집마다 세탁기를 갖추고 있지 못 해서 손으로 빨래하는데, 아무래도 시간과 노동이 더 많이 필요하겠지. 유니레버는 가난한 나라 사람을 위해 가격이 낮으면서도 때가 잘 빠지는 세탁세제, 그리고 찌꺼기가 남지 않아 환경을 오염시키지 않는 세탁세제를 생산하려 노력한다고 해. 광고 속 넬슨 만델라 역시 집에만 얌전히 있지 않고 신나게 뛰어놀며 위대한 인물로 성장했네. 단순한 선 몇 개로 이런 멋진 아이디어를 완성하다니, 박수받을 만하지 않지?

오모, 브라질, 2014년
'People who get dirty changes the world, always get dirty'
옷을 더럽히는 사람이 세상을 바꿉니다. 언제나 더럽히세요.

오모, 브라질, 2014년
'People who get dirty changes the world, always get dirty'
옷을 더럽히는 사람이 세상을 바꿉니다. 언제나 더럽히세요.

## 세 번째 광고를 만들어볼까?

학교 광고 수업에 'dirt is good' 캠페인 광고를 아주 흥미롭게 활용하곤 해. 김진호라는 학생은 〈진호〉 이름 아래에는 교과서, 〈김진호〉 성과 이름 아래에는 축구공을 그려 아이디어를 완성했어. 무슨 속뜻일까? 학교 공부만 하면 평범한 진호, 학교 공부뿐 아니라 열심히 축구를 하면 자랑스러운 김진호가 된다는 뜻 아니겠니? 수업에 참여한 모든 학생이 하나 같이 멋진 아이디어로 광고를 완성하더구나. 자, 그럼 이어지는 세 번째 오모 광고에는 어떤 인물이 등장하면 좋을까? 아, 그래! 세계적인 기업가나 무대 위의 슈퍼스타도 좋을 것 같구나.

## 내 여행 가방이 아직 도착하지 않았다고요? / 비자 카드

### 식당카드에서 시작된 신용카드의 역사

광고는 그 내용에 따라 제품 광고, 서비스 광고, 기업 광고, 공익 광고, 정치 광고로 나누어져. 서비스 광고는 서비스 산업과 관련된 광고를 말해. 서비스 산업이란 무엇일까? 농업·어업과 같은 1차 산업, 건설업·제조업과 같은 2차 산업의 뒤를 이어서 기술이 발달하고 소득이 증가하면서 생겨난 3차 산업을 말해. TV를 켜거나 신문을 펼치면 가장 많이 나오는 금융, 통신, 여행, 쇼핑 광고가 바로 서비스 광고야.

그중에서도 지갑에서 지폐를 빠르게 대체하고 있는 신용카드 광고가 대표적인 금융 서비스 광고야. 우리나라는 지난 2003년에 카드사의 무분별한 카드 발급과 사용자의 무절제한 사용 때문에 카드 대란을 겪은 일이 있어. 카드사에서는 소득과 신용상태를 묻지도 따지지도 않고 길거리에서도 카드를 마구 발급해 주었지. 사람들은 이렇게 발급받은 카드로 물건을 지나치게 많이 샀고 현금 서비스를 이용해서 수시로 대출받았어.

신용카드는 할부 기능이 있어 값비싼 물건을 사도 부담이 적게 느껴져. 또 적은 돈을 빌릴 때는 은행에 갈 필요 없이 현금 지급기의 버튼을 몇 차례 눌러서 바로 해결할 수 있지. 신용카드를 마구 사용하다 돈을 갚지 못하는 사람들이 속출하면서 카드사와 금융사는 위기를 맞았어. 2003년 신용카드 대란을 거치며 우리 경제는 크게 휘청거렸지.

신용카드는 사용하기에 따라 매우 편리하고 유용하지만 반대로 대단히 위험할 수도 있어. 카드는 뒤따르는 책임을 잘 생각하고 규모 있게 써야 해. 그런데 이 신용카드는 언제 어떻게 만들어진 걸까? 세상에 처음으로 선보인 신용카드의 이름은 다이너스 클럽Diners Club이야. '식사하는 사람들'을 뜻하는 다이너스Diners와 클럽Club을 합친 말이야. 벌써 눈치챘니? 처음 신용카드는 식당 이용자를 위해 생겨났어. 기록에 따르면 미국의 사업가 프랭크 맥나마라Frank McNamara가 식당에서 식사하고 계산하려는데 지갑을 집에 두고 왔던 거야. 그는 이 식당의 단골이라서 가지고 있던 명함을 주고 난처한 상황을 모면했고 나중에 식사비를 냈어. (집에 있던 아내를 불러 대신 식사비를 내게 했다는 다른 기록도 있어). 맥나마라는 식당에서 겪은 이 난처한 경험을 토대로 자신의 변호사인 랠프 슈나이더와 함께 17개의 레스토랑에서 사용할 수 있는 다이너스 클럽 카드를 만들어서 200명의 지인에게 발급했어. 이것이 최초의 신용카드야. 사실 다이너스 클럽은 지금의 신용카드Credit Card와는 조금 달라. 다이너스 클럽은 지난달 사용한 금액을 모두 갚아야 다음 달에 또 사용할 수가 있어. 이런 카드를 일시불카드Charge Card라고 해서 일반적인 신용카드와 구별해.

아빠, 엄마가 쓰고 있는 카드를 보면 비자VISA, 마스터Master와 같은 로고가 인쇄되어 있어. 비자 은행이나 마스터 은행에서 발급했다는 뜻이 아니라 전 세계 모든 비자 카드 가맹점이나 마스터 카드 가맹점에서 사용할 수 있다는 뜻이지. 비자나 마스터는 세계 어디에서나 편리하게 카드를 사용할 수 있도록 결제 시스템을 개발하고 관리하는 일종의 협회를 말해.

다이너스 클럽 카드 이후 미국의 민간은행인 뱅크 오브 아메리카 Bank of America(BOA)는 미 대륙 어디에서나 사용할 수 있는 신용카드 뱅크 아메리카드Bank Americard를 선보였어. 뱅크 오브 아메리카는 미 서부와 동부의 모든 은행이 공동으로 카드를 발급하고 관리하기로 하고 협회를 만들었어. 그 협회가 바로 비자 인터내셔널이야. 비자 인터내셔널은 회원사와 가맹점을 전 세계로 넓혔고 비자 카드는 세계에서 가장 많은 사람이 이용하는 카드가 되었지.

카드를 쓰면 당연히 카드 회사의 수익이 올라. 카드 회사는 더 많은 사람이 자기네 카드를 사용하길 원하지. 그래서 사용자 소비 패턴에 잘 맞는 카드를 개발하고 다양한 혜택을 제공하려고 노력해. 이런 카드 혜택을 잘 이용하는 것도 현명한 소비 방법이야. 이를테면 영화관에 자주 가는 사람이라면 영화 할인 혜택을 주는 카드를, 자동차를 많이 이용하는 사람이라면 주유 할인 혜택이 큰 카드를 사용하면 더 경제적이지. 또 적립 포인트가 많고 적립된 포인트를 편리하게 쓸 수 있는 카드를 주로 사용하는 것도 합리적이야. 적립된 포인트는 카드 회사 입장에서는 빚이지. 이런 적립 포인트는 5년이 지나면 자동 소멸하는데 사용하지 않고 사라지는 카드 포인트가 지난 5년간 5천억 원이 넘는다고 해. 본인도 모르게 사라지는 포인트에 대해 소비자의 항의가 잇따르자 최근에는 카드 포인트를 현금처럼 편리하게 사용할 수 있게 해주는 금융권 카드도 많아지고 있어.

VISA 카드가 탄생한 과정을 설명해주는 유튜브 동영상
www.youtube.com/watch?v=XqUZvh2qRrE

VISA 카드

### 해외여행 사고 때 빛나는 프리미엄 신용카드 서비스

함께 살펴볼 광고는 비자 인피니티 카드 광고야. 이 카드는 발급 조건이 까다로운 VIP(Very Important Person) 카드로 아무나 가질 수 없지. 비자 카드와 마스터 카드와 같은 신용카드에는 등급이 있는데 등급마다 제공하는 혜택이 달라. 여기엔 교묘한 상술이 숨어 있어. 카드사는 카드에 등급을 매겨서 고객이 더 상위의 카드를 사용하도록 유도하는 거야. 카드 등급이 마치 경제적 또는 사회적 등급이라도 되는 것

스웨덴 국기    스위스 국기

비자 인피니티 카드, 브라질, 2016년
'You and your luggage don't always go to the same destination'
당신과 당신의 가방이 항상 같은 목적지를 향하는 것은 아닙니다.

처럼 착각하게 해서 더 많은 소비를 부추기지. 물론 판단과 책임은 온전히 사용자의 몫이지만 말이야. 비자 인피니티 카드를 사용하는 사람들은 상대적으로 카드 사용 금액이 많고 해외여행, 호텔 투숙, 쇼핑을 자주 한다는 특징이 있어. 당연히 카드의 혜택도 이런 패턴에 맞춰져 있겠지.

광고 속 그림을 가만히 살펴봐. 스웨덴 국기 안에 있는 스위스 국기가 보이니? 여행가방 옆에 작은 글씨로 '당신과 당신의 가방이 항상 같은 목적지를 향하는 것은 아닙니다.'라고 쓰여 있어. 사람은 스웨덴으로 갔는데 가방은 스위스로 잘못 간 상황이야. 트렁크가 엉뚱한 곳에 도착해 있어도 비자 인피니티 카드 사용자라면 걱정할 필요 없다는 메

덴마크 국기   노르웨이 국기   핀란드 국기

아이슬란드 국기   스웨덴 국기

네덜란드 국기   독일 국기

시지를 상징적으로 전달하고 있어. 실제로 비자 인피니티 카드는 도착 지연, 분실, 도난과 같은 사고를 대비한 긴급 서비스를 제공하고 있거든.

어떤 국기는 그 나라의 종교를 상징하기도 해. 기독교 국가의 국기에는 그리스도를 상징하는 십자가, 이슬람교 국가의 국기에는 알라의 계시를 의미하는 초승달과 샛별이 새겨져 있는 경우가 많아. 스위스와 덴마크를 비롯한 북유럽 기독교 나라의 국기에 십자가가 새겨져 있는 이유를 알겠지? 특히 노르웨이, 아이슬란드, 핀란드, 스웨덴은 모두 덴마크의 통치를 받았던 나라로 덴마크 국기[단네브로(Dannebrog): 덴마크인들의 힘를 닮은 국기를 채택했어. 그래서 이들 다섯 나라의 국기는 늘 헷갈리지.

아래 광고를 보면 네덜란드 삼색기 안에 독일 삼색기가 있네. 어쩌

비자 인피니티 카드, 브라질, 2016년
'You and your luggage don't always go to the same destination'
당신과 당신의 가방이 항상 같은 목적지를 향하는 것은 아닙니다.

나! 네덜란드로 가야 할 트렁크가 독일로 갔어. 비자 인피니티 카드 사용자라면 이런 일에도 걱정이 없겠지. 해외여행 긴급 서비스가 있으니까 말이야. 내게도 이런 경험이 있었어. 오래전 이탈리아 베네치아로 TV 광고 촬영을 갔는데 짐이 든 트렁크는 이틀 동안이나 프랑스 공항에 묶여 있었지. 그 더운 날 옷도 못 갈아입고 아주 곤란을 겪은 기억이 있어서 이 광고가 남 일 같지 않구나. 물론 나는 비자 인피니티 카드 사용자가 아니었지.

### 세 번째 광고를 만들어볼까?

그럼, 이 광고들에 이어질 세 번째 광고를 만들어보자. 먼저 지리책을 펼쳐놓고 광고 소재로 쓸 국기들은 어떤 것들이 있는지 생각해보는 게 좋겠지.

## 함께 생각해볼까? / 한세머쿠어

### 여행자의 친구, 여행자 보험

신용카드만으로 해외여행에서 생길 수 있는 모든 사고에 대처할 수는 없겠지. 해외여행을 자주 떠나는 사람이라면 여행자 보험에 가입해 두는 것이 더욱 안전할 거야. 함께 생각해 볼 광고는 독일 함부르크에 본사를 두고 있는 한세머쿠어Hansemerkur의 여행자 보험 광고야. 여행자 보험은 낯선 외국 여행 중에 일어날 수 있는 사고, 질병, 도난에 대하여 보상받을 수 있는 보험이거든.

다음 페이지에 보인 이 회사의 광고는 형태가 비슷한 두 나라의 국기를 하나로 합쳐서 새로운 이야기를 풀어내고 있지. 왼쪽 절반은 남아프리카 공화국, 오른쪽 절반은 영국 국기야. 가만히 보면 남아프리카 공화국 지도 위에는 코끼리가, 또 영국 국기 위에는 자동차가 있어. 이 광고에는 어떤 속뜻이 숨어 있을까?

영국 사람이 낯선 남아프리카 공화국에서 차를 몰고 가다 사거리 교차로에서 어슬렁거리는 코끼리와 부딪치기라도 하면 어떻게 될까?

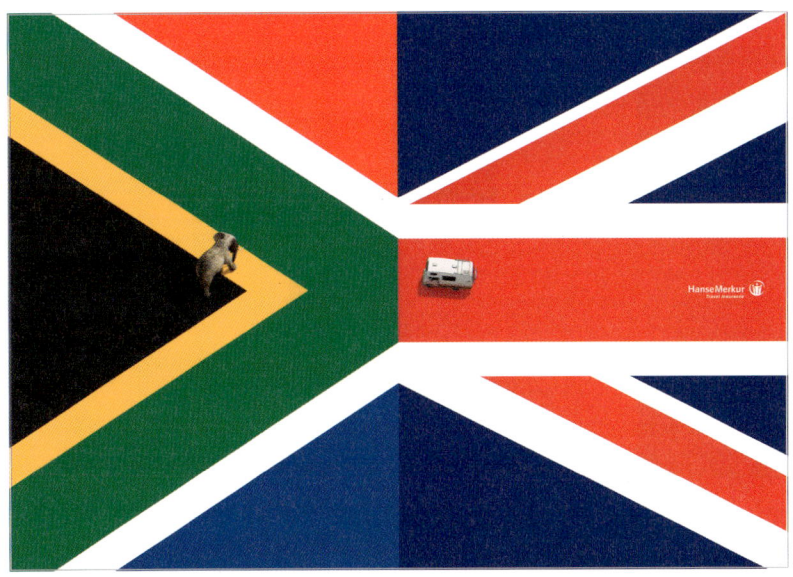

한세머쿠어 여행자 보험, 독일, 2015년

남아프리카 공화국 국기      영국 국기

다른 광고를 더 살펴볼까? 이번에는 스웨덴에 여행하러 온 덴마크 여행자가 자전거를 타고 가다가 사거리 모퉁이에서 순록을 만났네. 물론 이런 사고가 일어날 확률은 거의 없을 거야. 하지만 사고는 늘 예상치 못할 때 일어나기 마련이고 보험은 그런 사고에 대비하기 위한 것이지.

광고가 전달하려는 메시지를 잘 알겠니? 외국 여행에서 일어날 수 있는 이런 예기치 못한 돌발 사고에도 한세머쿠어 여행자 보험이라면 안심이라는 뜻이지.

한세머쿠어 여행자 보험, 독일, 2015년

스웨덴 국기                    덴마크 국기

### 세 번째 광고를 만들어볼까?

그럼 우리도 유사한 두 나라의 국기를 이용하여 세 번째 광고를 만들어 보자. 남아프리카 공화국의 코끼리, 스웨덴의 순록처럼 그 나라를 상징하면서 길에서 우연히 마주칠 위험한(?) 소재로 무엇이 있을까? 그런데 너무 심각하게 생각지는 말도록. 이 책 212쪽에 나오는 '세계의 광고회사가 만든 세 번째 광고'를 보면 심한 배신감을 느낄지도 모르거든.

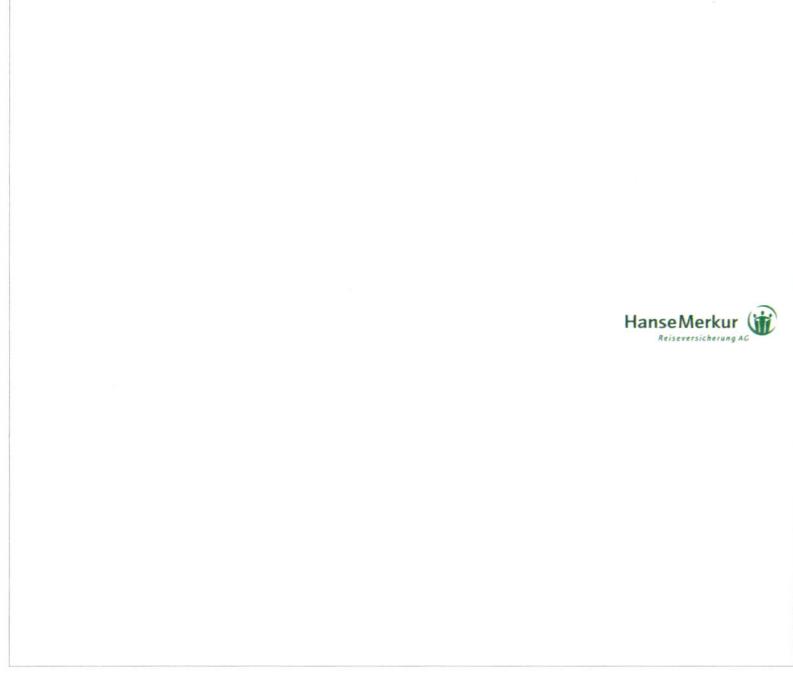

# 세계의 여행자가 이방인이 되지 않도록 / 에어비앤비

### 캠핑용 에어 매트 위에서 태어난 에어비앤비

비앤비B&B 혹은 BnB라는 말을 들어 봤니? 비앤비는 Bed&Breakfast의 줄임말인데, 말 그대로 침대도 제공하고 아침 식사도 주는 아주 오래된 숙박 형태야. 여관과 호텔이 곳곳에 생기기 전에 가정집에서 나그네와 여행자에게 잠자리와 식사를 제공하던 것에서 유래하는데 유럽에서 발전해 왔어. 그럼 에어비앤비Air BnB는 무슨 뜻일까? 전통적인 비앤비에 인터넷과 모바일이 결합한 새로운 형태의 비앤비라고 이해하면 될 것 같아.

에어비앤비가 어떻게 시작되었는지 설명해줄게. 2008년 10월 미국 샌프란시스코에서 직장을 그만두고 새 일을 찾고 있던 두 친구 브라이언 체스키Brian Joseph Chesky와 조 게비아Joe Gebbia Jr는 당장 아파트 월세 낼 돈도 없었지. 그때 마침 샌프란시스코는 미국 산업 디자인 컨퍼런스 개최를 앞두고 있었어. 샌프란시스코에 있는 호텔들은 참가자들로 꽉꽉 차서 미처 숙소를 예약하지 못한 참가자들은 발을 동동 구르고 있었어. 체스키는 행사 동안 아파트를 함께 쓰는 조건으로 약간의 사용료를 받아 월세를 내려고 생각했지. 그래서 인터넷에 에어 베드 앤 브렉퍼스트AirBed & Breakfast라는 웹사이트를 열었지. 그러자 숙소를 잡지 못한 사람들의 문의가 이어졌고 행사가 끝날 무렵에 체스키와 게비아는 작지만 아주 뜻밖의 성공을 거두었지. 처음 그들이 에어Air라는 단어를 사용한 이유는 좁은 아파트에 캠핑용 에어 매트Air mat를 놓아 잠자리를 만들었기 때문이었어.

이후 두 사람은 컴퓨터 프로그래밍에 탁월한 네이션 블레차르지크Nathan Blecharczyk를 합류시켰지. 그런데 첫 번째 성공을 발판 삼아 사업계획서를 만들고 투자자를 찾았지만, 이 사업의 가능성에 주목하는 사람은 나타나지 않았어. 한참 뒤에 체스키는 '에어비앤비 아이디어를 듣고 멍청한 생각이라고 말하지 않은 사람은 내 할아버지뿐이었다'라고 회상했지. 사실 이들의 아이디어는 어느 누구도 시도하지 않은, 완전히 새롭고 독창적인 것은 아니었어. 에어비앤비보다 먼저 시작한 카우치서핑couchsurfing을 이용하면 양탄자나 소파를 공짜 잠자리로 빌릴 수 있었고, 홈어웨이Home Away를 이용하면 휴가철에 숙소를 빌릴 수 있었거든.

에어비앤비는 우연히 떠오른 생각을 끊임없이 발전시킨 세 친구의 열정과 용기의 결과야. 이들은 집주인에게 전문 사진사를 지원하여 웹사이트에 더 매력적인 숙소 사진을 올리도록 했고, 집주인과 여행자가 마찰 없이 숙박비를 결제할 수 있는 시스템을 개발했고, 그들이 더 좋은 경험을 공유하도록 도왔어. 이런 노력의 결과로 에어비앤비는 다른 숙박 공유 서비스보다 앞설 수 있었고, 2018년에는 무려 43조원에 달하는 거대 기업이 될 수 있었지.

에어비앤비의 창업 과정과 비즈니스 모델을 설명해주는 유튜브 동영상
www.youtube.com/watch?v=rrotWG-BKGo

### 소유보다 공유, 새로운 소비를 생각해보자

필요한 물건을 내 마음대로 사용하는 방법으로는 무엇이 있을까? 일단 돈을 내고 사는 방법이 있겠지. 같은 가치의 물건과 교환하는 방법도 있고 일정 기간 빌려 쓰는 방법도 있을 거야. 하지만 우리는 지나치게 많은 물건을 만들고 또 너무 많은 물건을 구입하고 소유하고 있어. 쓸데없이 많이 소유하지 않고도 불편하지 않게 사는 방법은 없을까?

예를 들어 주차장에서 쉬고 있는 자동차, 휴가철 외에는 거의 빈집으로 있는 별장, 항구에 정박해 있는 보트를 필요한 누군가와 함께 사용한다고 생각해보자. 이렇게 사용하지 않는 자산이나 물건을 다른 사람들과 함께 사용한다는 생각은 우리의 생활을 완전히 뒤바꿔 놓을 수 있어. 이런 개념을 '공유 경제Sharing Economy'라고 해. 소유자는 쓰지 않는 물건으로 수익을 올리고 이용자는 적은 비용으로 필요한 물건을 이용할 수 있으니까 양쪽 모두 이익이지. 또 지나치게 많은 생산과 소유 때문에 생기는 자원 낭비도 막을 수 있어. 그러면 소유자와 이용자는 어떻게 만날 수 있을까? 바로 인터넷과 모바일 공간이야.

에어비앤비airbnb.com 웹사이트에 집주인이 자기 집을 등록하면 여행자는 웹사이트에서 원하는 숙소를 찾을 수 있지. 이런 걸 플랫폼Platform이라고 해. 플랫폼이란 단어는 사람들이 기차를 타고 내리는 승강장을 가리켰는데 인터넷 세계에서는 누구든지 자신의 콘텐츠를 올리고 내릴 수 있는 곳이라는 뜻으로 쓰여. 그래서 에어비앤비를 숙박 공유 플랫폼이라고 해. 이외에도 항구에 정박해 있는 보트의 주인과 이용자를 이어주는 보트 공유 플랫폼 보트세터boatsetter.com, 정원 공유 플랫폼 캠프스페이스campspace.com, 애완견 공유 플랫폼 도그베케이dogvacay.com 등 많은 예가 있어. 공중화장실이 부족한 미국의 도시에서는 화장실을 공유하는 에어피앤피Air PnP(Air Pee(쉬) and Poo(응가))도 있었다고 해. 지금은 문을 닫은 것 같지만.

에어비앤비는 지금도 진화 중이야. 단순히 숙소를 공유하는 것을 넘어 여행을 공유하도록 진화하고 있지. 집주인은 숙소만 소개하는 것이 아니라 주변에 있는 멋진 장소, 맛있는 음식, 특별한 경험담도 올릴 수 있어. 에어비앤비는 여행자 취향에 맞는 최선의 숙소를 추천해줘.

공유 경제의 예를 하나 더 들어 볼까? 주차장에 쉬고 있는 승용차를 시민의 발로 공유하는 우버Uber도 성공사례로 들 수 있어. 우버는 우리나라와 일본에서는 규제받고 있지만, 북미 323개 도시, 중남미 179개 도시, 유럽 148개 도시 등 세계 788개 도시에서(2019년 현재) 나이 든 은퇴자나 가정주부들이 일하는 시간을 자유롭게 선택하며 돈을 벌 기회를 제공하고 있지.

사실 에어비앤비나 우버와 같은 공유 경제는 경기침체와 관련이 있어. 공유 경제의 장점은 직장에 다니지 않아도 내가 소유한 자산을 이용하여 수익을 낼 수 있다는 것이지. 실직자, 은퇴자, 가정주부처럼 고정적인 직장생활을 할 수 없는 사람들이 경제 활동의 기회를 얻을 수 있어. 짧은 기간에 공유 경제 플랫폼이 성장한 이유가 바로 이것이지.

에어비앤비와 우버에게도 어려움은 있어. 숙박업체와 운수업체가 안전, 위생, 세금 등 자신들이 지키는 법을 에어비앤비와 우버에도 적용해야 한다고 주장하고 있기 때문이야. 사실 숙박업소 측에서는 에어비앤비의 시장 진출과 확장에 위협을 느낄 만도 하지. 하지만 에어비앤비가 여행 문턱을 낮춰 관광사업 전체를 활성화하기 때문에 기존 숙박업체에도 혜택이 돌아갈 수 있어.

우버도 전 세계 택시 기사가 반대하고 있어. 그래서 우리나라에서는 우버 블랙Uber Black 서비스만 이용할 수 있지. 개인이 소유한 일반 승용차를 택시로 공유하는 본래의 우버 택시가 아니라 택시 기사 자격

증을 가진 사람이 자신의 고급 자가용으로 손님을 태우는 것이지. 일반 승용차와 택시가 경쟁하지 않도록 배려한 거야.

이제 우리가 함께 살펴볼 광고는 2016년 칸 국제 광고제에서 상을 받은 광고야. 칸 국제 광고제는 매년 6월 세 번째 주 프랑스의 휴양도시 칸에서 열리는 전 세계 광고인의 축제지. 전 세계에서 만든 가장 독창적인 광고들을 부문별로 선정해 상을 수여하고 있어.

에어비앤비가 2014년부터 사용하고 있는 슬로건 'Belong Anywhere'는 '어디에서도 이방인이 될 필요가 없어요'라는 뜻이야. '세상 어디에나 당신에게 맞는 숙소가 있답니다. 세상은 더 이상 당신에게 낯선 곳이 아니에요.' 에어비앤비의 광고는 이 슬로건을 적절하게 표현해야 해.

우버의 창업 과정과 발전 과정을 보여주는 유튜브 동영상
www.youtube.com/watch?v=ZJje66O9Xm0

우버

소개하는 두 광고는 이 메시지를 참 재미있고 따뜻하게 전달하고 있어. 문어의 큰 머리가 불편하게 느껴지지 않는 집, 남극을 떠나온 펭귄도 기후 때문에 고생하지 않아도 되는 숙소. 에어비앤비와 상의하면 아무런 걱정이 없을 것 같아.

Airbnb, 미국, 2016년, 'Belong Anywhere' 어디에서도 이방인이 될 필요가 없어요.

Airbnb, 미국, 2016년, 'Belong Anywhere' 어디에서도 이방인이 될 필요가 없어요.

## 세 번째 광고를 만들어볼까?

이제 우리가 세 번째 에어비앤비 광고를 생각해보자. 세계 어디를 가더라도 편안한 숙소를 이용할 수 있다는 메시지를 전달하면 되겠지? 앞에서 본 광고와 비슷한 유형의 광고를 만든다면 어떤 동물을 소재로 하면 좋을까? 곤충이어도 괜찮겠지? 물고기면 또 어떨까?

# 함께 생각해볼까? / 론리 플래닛

### 여행 가이드북의 선구자 론리 플래닛

'여행자의 바이블'이라고 불리는 책에 대해 들어 본 일이 있니? 전 세계 배낭 여행가들이 가방에 꼭 넣고 다녀야 할 만큼 여행지의 세세한 정보가 꽉 차 있는 론리 플래닛Lonely Planet 말야.

때는 1972년, 영국 런던에서 비즈니스 스쿨을 갓 졸업한 토니 휠러 Tony Wheeler와 아일랜드 출신의 모린Maureen은 1년 열애 끝에 결혼했어. 세상의 모든 젊은이에게 미래란 아직 풀어보지 않은 선물 같기도 하지만 앞으로 풀어야 할 어려운 숙제이기도 하지. 두 사람은 취직을 잠시 미루고 아시아 횡단 여행을 하며 어떻게 살아갈 것인지 깊이 고민해 보기로 했어. 그들은 배낭, 텐트, 취사 장비, 여행책 그리고 단돈 450파운드를 들고 영국 버크셔를 떠났지. 터키, 이란, 인도, 태국, 인도네시아를 거쳐 6개월 후 오스트레일리아에 도착했을 때 남은 돈은 고작 27센트뿐이었어.

> 토니 휠러가 론리 플래닛 창업 과정을 설명하는 테드 동영상
> www.youtube.com/watch?v=UsKd16ygeP4&t=107s

돈이 다 떨어진 토니와 모린 부부는 6개월 동안 여행한 경험을 기록한 『아시아 횡단 알뜰 여행기Across Asia on the cheap』라는 여행책을 썼어. 이 책은 기대 이상으로 많이 팔려나갔고 이 출판 경험을 바탕으로 출판사를 차리게 되었지. 바로 론리 플래닛 출판사야. 지금까지 500여 권의 여행책을 냈고 1억 권 이상 팔렸으며 전 세계에 400만 명이 넘는 독자를 갖고 있지. 이런 세계적인 출판사를 세우는 데 필요했던 건 많은 돈이 아니었어. 용기와 도전 정신 그리고 긍정적인 마음이 자본이었지.

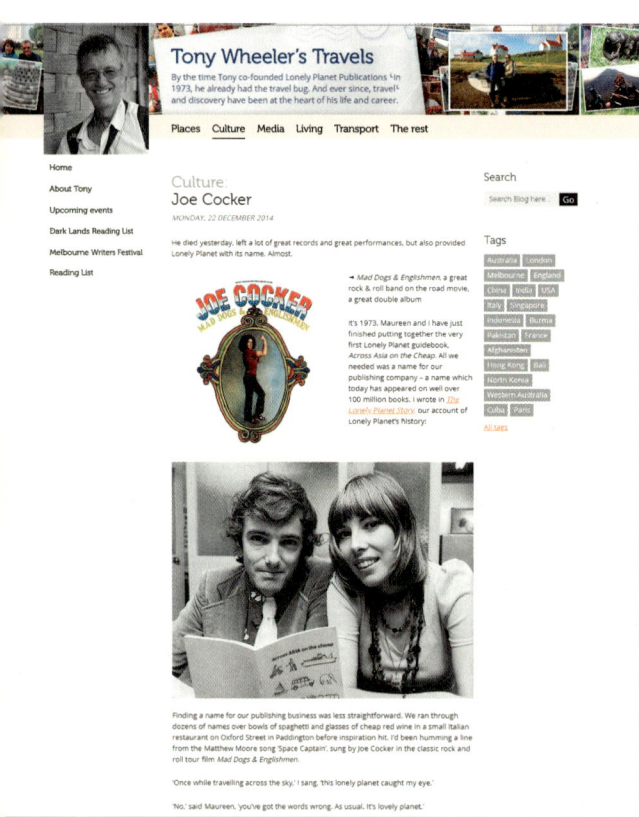

토니 휠러는 가수 조 코커가 사망했을 때 그가 자신의 회사 Lonely Planet와 얽힌 비화를 자신의 블로그에 올렸어.

tonywheeler.com.au/joe-cocker

토니 휠러

참, 론리 플래닛Lonely Planet이라는 이름은 영국 가수 조 코커Joe Cocker의 노래 스페이스 캡틴Space Captain에 나오는 가사 러블리 플래닛Lovely planet을 토니가 잘못 듣고 지은 이름이라고 해. 그런데 내게는 lovely(사랑스러운)보다 lonely(외로운)가 훨씬 더 낭만적인 것 같구나. 세상에 외로움과 친구가 되지 않는 배낭여행자가 어디 있겠니?

그럼 론리 플래닛의 광고를 함께 살펴볼까? 미국 지도 안에 아파트 평면도가 있는 이 광고는 무슨 속뜻을 가지고 있을까? 오른쪽 아래에 '어디서나 내 집처럼Feel at home everywhere'이라는 카피가 이 광고의 메시지를 아주 선명하게 해주고 있어. 론리 플래닛 한 권만 있으면 우리 집 주방, 침실, 거실을 드나들 듯 편안하게 미국 여행을 할 수 있다는 뜻이지. 오른쪽 광고도 마찬가지야. 아프리카 대륙을 내 집처럼 여행할 수 있다는 메시지를 아주 재미있고 독창적으로 전달하고 있지 않니?

Feel at home everywhere
Lonely Planet, 독일, 함부르크, 2006년 'Feel at home everywhere' 어디에서나 내 집처럼

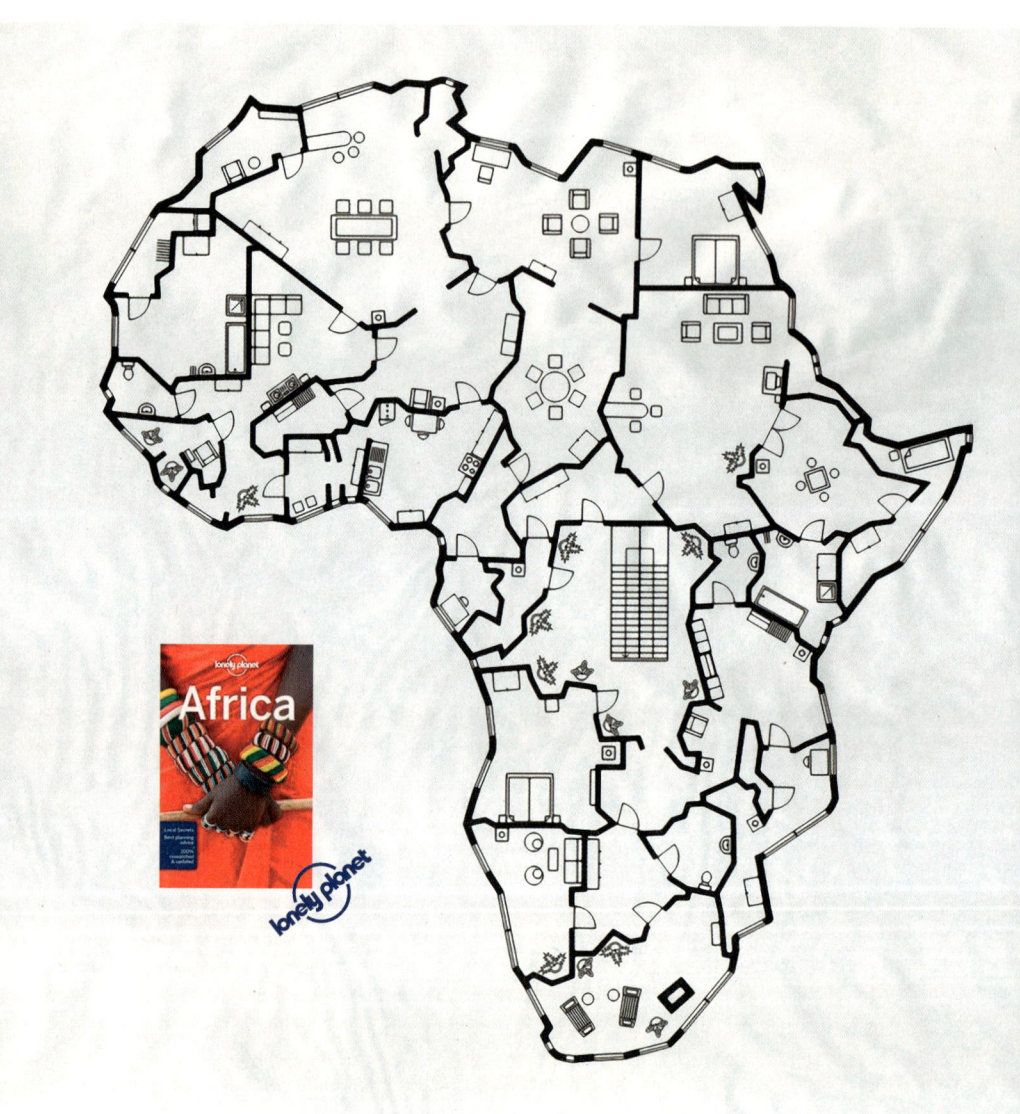

Feel at home everywhere
Lonely Planet, 독일, 함부르크, 2006년 'Feel at home everywhere' 어디에서나 내 집처럼

## 세 번째 광고를 만들어볼까?

세 번째 론리 플래닛 광고에는 어떤 나라가 좋을까? 튜울립과 풍차의 나라, 서유럽의 네덜란드는 어때? 가는 곳마다 고대와 중세의 유적이 찬란한 나라, 지중해의 이탈리아는 어떨까? 외국이 아니라면 우리나라 제주도는 또 어떨까?

# 깨어 있으라, 위대한 아이디어를 얻을 것이다 / 에티오피아

### 유럽을 매혹한 이슬람의 음료, 커피

아직 커피의 맛, 향과 친할 나이는 아니지만, 커피가 인류에 끼친 영향과 역사와는 미리 친해 둘 필요가 있을 것 같구나. 커피의 고향은 동아프리카 에티오피아야. 하지만 커피가 본격적으로 재배된 곳은 아라비아의 예멘이지. 지도를 펼쳐보면 에티오피아와 예멘은 홍해를 사이에 두고 서로 마주 보고 있어. 아마도 두 나라는 바닷길을 통해서 오래전부터 교류가 활발했을 것 같아.

커피의 발견에 관해서는 여러 전설 같은 이야기가 있어. 그 중 칼디의 이야기가 정설처럼 전해지지. 오래전 에티오피아에 칼디Kaldi라는 염소치기가 살았어. 어느 날 칼디는 붉은 열매를 먹은 염소가 기운차게 뛰어다니는 모습을 보고 열매를 마을의 수도승(지혜로운 사람이라고도 해)에게 가져갔어. 수도승은 열매를 끓여 마시고 정신이 맑아져서 밤늦게까지 기도할 수 있었다고 해. 열매의 이런 각성 효능이 알려지면서 사람들은 커피를 찾기 시작했지. 예멘에서 재배된 커피는 모카 항에서 배에 옮겨져 다른 지역으로 팔려나갔어. 이것이 모카 커피의 유래야.

커피는 오랫동안 이슬람의 음료였어. 커피가 아라비아에 전파되는 데에는 이슬람의 신비주의 수도자인 수피Sufi들의 역할이 컸다고 해. 커피에는 잠을 쫓고 기운이 나게 하는 각성 성분이 있는데, 이 성분이 수피들이 밤새 수도 생활에 정진할 수 있도록 도왔거든. 커피는 여전히 값비싼 기호품이었지만 술을 입에 대지 않는 이슬람 사람들은 커피와 점차 친숙해졌어. 유럽에서는 이 커피를 '이슬람의 와인'이라고 했지. 유럽의 술집처럼 사람들이 어울려 정보를 교류하는 공공장소를 아랍에서는 커피 하우스가 대신하기도 했어. 이런 커피 하우스를 아랍에서는 '문화의 학교'라 부르며 사랑했다고 해.

커피를 유럽에 소개한 것은 지중해의 베네치아 상인들이야. 하지만 오스만 제국이 이슬람을 제패하고 유럽을 침공하면서부터 본격적으로 유럽과 커피는 만나게 되었지. 오스만 군대의 진격로를 따라 아랍의 향긋한 커피는 유럽을 매혹했던 거야.

이슬람의 커피 하우스를 흉내내어 영국에서 먼저 커피 하우스가 문을 열자 해상 무역을 하는 사업가, 지식인, 정치가들이 모여들었지. 이곳은 주소 체계가 제대로 잡혀 있지 않은 시대에 우편물을 보내고 받는 우체국(1페니 우편 제도)이었고, 또 학자들이 모여 지식을 전달하는 대학(1페니 대학)이었지. 외교, 해상, 금융, 무역 등 수 많은 정보가 공유되었던 커피 하우스 중에는 현재 세계적인 보험회사, 증권거래소가 된 곳도 있어. 한때 영국에서는 커피 하우스를 통해 불온한 사상이 퍼질 것을 우려해서 커피 하우스를 없애려고도 했지만, 사람들은 완강히 저항했지.

커피의 역사를 설명해주는 동영상(커피의 모든 것 / YTN 사이언스)
www.youtube.com/watch?v=rrotWG-BKGo

영국에 커피 하우스가 문을 열고 20년 후, 프랑스 파리에도 카페가 처음으로 문을 열어. 프랑스 왕을 찾아온 오스만 사절단은 아랍의 기품 있는 커피를 선보였는데, 이 커피가 베르사유의 귀족 부인들을 사로잡았거든. 런던의 커피 하우스에 여자들의 출입이 금지된 것과 달리 파리의 카페는 귀부인들이 앞다퉈 찾았지. 런던의 커피 하우스를 무역상과 정치인들이 주로 찾았다면 파리의 카페는 소설가, 학자, 철학자들이 자주 찾았어. 카페에서 꽃 피운 이들의 사상과 철학은 파리에 카페가 문을 열고 약 100년 후, 1789년에 일어난 프랑스 혁명의 도화선이 되었어. 에티오피아의 칼디가 우연히 발견한 이슬람의 커피는 아랍, 지중해 연안과 서부 유럽을 돌아 마침내 평등, 자유, 박애에 뿌리를 둔 유럽의 계몽주의 사상을 깨워냈지.

### 커피보다 짙고 어두운 노예와 식민지의 역사

커피 수요는 해마다 늘고 있었지만, 유럽에서는 커피나무가 자랄 수 없었어. 유럽 사람들은 여전히 모카에서 싣고 온 값비싼 커피를 마셔야 했지. 그런데 처음으로 네덜란드가 커피 묘목을 아라비아 모카에서 동인도의 인도네시아 자바섬으로 옮겨 심었어. 동인도에서 커피를 재배하게 되면서 유럽 사람들은 자신의 식민지에서 수확한 커피를 중개상을 거치지 않고 값싸게 마실 수 있게 되었지. 이렇게 아랍을 벗어난 커피를 이번에는 프랑스 보병 장교 가브리엘 마치 드 끌리외Gabriel Mathieu de Clieu가 대서양 건너 서인도 제도로 옮겨 심었어. 오늘날 브라질, 콜롬비아, 과테말라 등지에서 재배한 신선한 커피를 즐길 수 있는 것은 모두 프랑스 장교 끌리외 덕이야.

그러나 커피가 남아메리카에 전파된 역사 뒤에는 커피보다 더 짙고 어두운 흑인 노예의 역사가 드리워져 있어. 유럽에서 자본주의가 성숙

에레디야 커피, 포르투갈, 2003년
'Strong ideas come for these who stay awake longer.'
놀라운 아이디어는 더 오래 깨어 있는 사람에게 떠오른다.

하고 인권사상이 자리 잡는 동안 대서양 건너편에서는 아프리카 노예 상인들에게서 팔려 온 흑인 노예들이 풍토병과 폭력에 시달리며 커피 열매를 따고 있었지. 커피를 '니그로의 땀'이라고 불렀던 이유야. 그러나 프랑스 혁명으로 깨어난 인권 사상은 노예 해방으로 이어졌어. 프랑스가 통치하고 있던 중남미의 작은 섬 아이티에서 인권사상에 영향받은 노예 혁명이 일어나고, 이어 목화를 따던 미국의 노예들도 자유를 찾게 되었지.

커피에 관한 이야기는 이만 줄이고 커피와 관련한 광고를 살펴볼까? 앞 페이지의 광고를 보면 누군가 방금까지 잉크 묻힌 펜으로 노트에 뭔가를 쓰고 또 그렸던 것 같지 않니? 제목은 종의 기원The Origin of Species, 그리고 그 아래에는 찰스 다윈Charles Darwin이라는 이름이 쓰여 있어. 아마 이 글은 1859년 발표한 찰스 다윈의 『종의 기원』[원래 제목은 『종의 기원에 관하여(On the Origin of Species)』]의 한 페이지인 것 같아. 오른쪽 아래 커피 접시에 있는 '놀라운 아이디어Strong Ideas는 더 오래 깨어 있는 사람에게 떠오른다.'는 카피를 보면 이 광고의 속뜻을 알 수 있겠니?

커피는 이슬람 신비주의 종파의 수도자 수피에게 잠을 쫓아주고 정신을 맑게 해주는 신비의 음료였어. 커피는 지금도 이런 효과 때문에 사랑받고 있지. 믿거나 말거나 찰스 다윈은 커피로 잠을 쫓으며 이 위대한 책을 완성했나 봐. 광고는 에레디야Heredia 스트롱 커피라면 위대한 아이디어가 떠오를 때까지 잠을 쫓고 정신을 맑게 해준다는 말을 이렇듯 능청스럽고 재미있게 하고 있어.

에레디야 스트롱 커피 광고를 하나 더 볼까? 피카소의 작품 게르니카Guernica를 알고 있니? 스페인 내전(1936~1939) 당시 독일군이 게르니카 지역을 폭격하고 엄청난 살상을 저질렀는데 게르니카는 이 폭격의

에레디야 커피, 포루투갈, 2003년
'Strong ideas come for these who stay awake longer.'
놀라운 아이디어는 더 오래 깨어 있는 사람에게 떠오른다.

참혹함을 그린 그림이야. 광고 속 그림들은 게르니카를 완성하기 위해 수없이 그렸을 스케치겠지. 이 사진 속 커피 접시에도 '놀라운 아이디어는 더 오래 깨어 있는 사람에게 떠오른다.'는 카피가 있어. 피카소는 밤새 잠을 쫓으며 위대한 작품의 영감을 얻고 완성했다는 광고의 속뜻을 알아챘니? 물론 피카소가 에레디야 커피를 즐겼다는 건 지어낸 얘기겠지만.

## 세 번째 광고를 만들어볼까?

그럼 이 광고들에 이어질 에레디야 스트롱 커피의 세 번째 광고를 생각해볼까? 어떤 아이디어가 좋을까? 그동안 읽은 책, 본 그림, 감상한 음악 속에서 찾아보자. 그 작품을 완성하며 작가는 밤새 어떤 연습과 연구를 했을까? 에레디야 커피 한 잔과 '놀라운 아이디어는 더 오래 깨어 있는 사람에게 떠오른다.'는 카피로 세 번째 광고를 완성해 보자.

# 함께 생각해볼까? / 네스카페 인스턴트 에스프레소

### 모나리자도 놀라게 한 진한 커피의 맛

누구나 잘 알고 있는 명화를 살짝 빌려와서 변형하는 패러디는 광고가 자주 사용하는 표현 방식이야. 레오나르도 다빈치Leonardo di ser Piero da Vinci(1452~1519)의 모나리자는 어떤 작품보다 광고에 많이 패러디된 작품이야. 그런데 오른쪽 페이지의 광고 속 모나리자는 왕방울만 한 눈을 번쩍 뜨고 있어. 왜일까?

이 광고는 스위스 식품회사 네슬레Nestle의 네스카페 인스턴트 에스프레소 광고야. 커피 원두를 갈아서 내려 마시려면 시간도 걸리고 준비할 것도 많지. 그래서 일본계 미국 과학자 사토리 가토Satori Kato는 뜨거운 물만 부어서 바로 마실 수 있는 가루 커피를 개발했어. 하지만 가루로 된 인스턴트커피로 큰 성공을 거둔 것은 스위스의 식품회사 네슬레야. 제2차 세계대전 당시 네슬레 인스턴트커피는 미군과 연합군에게 공급되었거든. 병사들은 전쟁이 끝난 후 고향에 돌아가서도 여전히 이 간편한 인스턴트커피를 즐기며 친구와 이웃들에게 소개했어. 16세

네스카페, 노르웨이, 2013년, 'The instant espresso', 간편하게 즐기는 에스프레소

기 오스만 제국의 군사들이 전장에서 마시던 커피가 유럽에 전파된 것처럼, 또 6·25 당시 미군들이 즐기던 인스턴트커피가 우리나라에 소개된 것처럼, 커피의 전파는 전쟁과 참 관계가 깊어.

빠르다는 의미의 에스프레소Espresso는 가루 커피에 높은 압력을 가해 빨리 추출해서 특유의 진한 맛과 향기로 즐기는 이탈리아식 커피야. 프랑스 사람들이 신선한 우유를 부어 마시는 카페 오레를 사랑하듯 이탈리아 사람은 에스프레소를 정말 사랑하지. 오후의 졸음이 쏟아질 때 이 진한 커피를 습관처럼 마시곤 해.

자, 이제 왜 모나리자가 눈을 번쩍 뜨고 있는지 알겠니? 바로 이 진한 인스턴트 에스프레소 커피 덕에 졸음이 달아나고 정신이 번쩍 들었기 때문이지. 광고는 진지하고 심각한 것보다는 재미있고 유쾌한 상상을 더 좋아해. 물론 광고가 전달해야 할 메시지를 강력하게 전달하는 건 기본이고.

오른쪽 페이지에 있는 광고 속 그림은 미국의 화가 그랜트 우드 Grandt Wood(1891~1942)가 그린 〈아메리칸 고딕〉이라는 작품이야. 그랜트 우드는 빠르게 발전하는 도시보다 여유 있는 시골의 일상을 캔버스에 옮긴 화가야. 그의 그림에서는 아주 소박하고 담백한 분위기를 느낄 수 있지. 〈아메리칸 고딕〉은 미국 미술사에서 가장 유명한 그림으로 꼽혀. 그림 속의 부부 역시 방금 진한 인스턴트 에스프레소 커피를 즐겼나 봐. 웃음기 하나 없이 굳은 표정이지만 눈이 왕방울만 해진 걸 보니까 말이야.

네스카페, 노르웨이, 2013년, 'The instant espresso', 간편하게 즐기는 에스프레소

### 세 번째 광고를 만들어볼까?

이 광고에 이어질 세 번째 광고에는 어떤 그림 속 인물을 패러디하면 좋을까? 램브란트의 자화상은 어때? 동양화 속의 조선 시대 선비 초상화는 어떨까? 신윤복과 김홍도 작품 속의 인물은 또 어떨까?

**Jeep**

## 빨간 사과의 유혹에도 걱정 마세요 / 지프

### 전장에서 태어난 SUV의 조상 Jeep

두 차례의 세계대전을 치르며 항공기술은 발전을 거듭했어. 전쟁이 끝나고 평화로운 시대가 시작되자 비행기 공장을 떠난 많은 항공기 기술자들은 자동차 공장으로 일자리를 옮겼지. 항공기 기술을 물려받은 명차가 속속 세상에 등장하게 된 배경이야. 두 차례의 세계대전을 거치며 태어난 자동차 중에 가장 유명한 차는 히틀러가 만들고 미국인이 더 사랑한 독일의 국민차 폭스바겐 비틀Volkswagen Beetle과 지금부터 설명할 지프Jeep야.

지프는 원래 2차 세계대전이 한창이던 1941년 전투 임무를 수행하기 위해 개발된 소형 사륜구동 트럭이야. 사륜구동이란 엔진의 힘이 네 바퀴에 모두 전달된다는 뜻이지. 일반 승용차는 보통 엔진의 힘이 앞바퀴 2개 또는 뒷바퀴 2개에만 전달되거든. 군용 차량으로 개발된 지프는 엔진의 힘이 네 바퀴에 모두 전달되기 때문에 산악과 사막, 습지도 거침없이 달릴 수 있어. ¼톤 정도의 가벼운 무게에 크기도 작아서 주로 정찰 임무를 수행했는데 차츰 앰뷸런스, 소방차처럼 기동성이 필요한 다른 임무도 맡게 되었지.

2차 세계대전 당시 독일군은 미군에 앞서 사륜구동 차량을 개발해서 연합군을 몰아붙였어. 미군은 독일군의 사륜구동 차량에 밀려 전선에서 어려움을 겪었지. 이를 돌파하기 위해 미국 국방성은 사륜구동 차량의 개발과 생산을 두 곳의 민간 자동차 업체에 맡겼어. 윌리스 오버랜드는 윌리스 엠비MB, 포드사는 포드 지피더블유GPW라는 이름의 사륜구동 차량을 만들었지만 모두 지프로 불렀어. 미군의 지프는 전투마다 빛나는 전공을 세우며 연합군의 승리에 기여했지.

이 지프라는 이름의 유래에는 여러 가지 주장이 있어. 포드사가 만든 포드 GPW에서 비롯된 GP(Government Purpose : 정부 목적)의 발음이 변해 지프가 되었다는 주장도 있고, 당시 인기가 많았던 만화 영화의 주인공 뽀빠이가 생일 선물로 받은 초능력 동물 유진 더 지프.Eugene The Jeep(Jeep Jeep 하고 소리를 냄)에서 따왔다는 주장도 있어.

군용 지프는 전쟁이 끝나고 CJ(Civilian Jeep : 시민 지프)라는 이름으로 일반인에게도 판매되었어. 사람들은 이 전장의 영웅에 엄청나게 열광했지. 지프는 네 바퀴 위에 박스형 차체를 얹은 형태의 세상 모든 사륜구동 자동차를 가리키는 이름이 되었어. 이 단순하고 견고한 차량이 진화를 거듭하며 현재의 SUV(Sport Utility Vehicle : 스포츠 레저용 차량)이 되었지. 그러니까 지프는 이 세상 모든 SUV의 시조새라고 할 수 있지.

### 제품의 이미지를 만드는 것이 광고의 역할

거침없이 전장을 누비는 사륜구동 소형 트럭으로 출발한 SUV가 자유, 탐험, 도전의 이미지를 갖게 된 것은 매우 자연스러워. 실제로 미국에서 선보인 SUV의 이름에는 대부분 탐험, 도전, 개척의 뜻이 있다고 해. SUV의 이런 이미지는 SUV가 매우 안전할 것으로 생각하게 만들어. 사실 SUV를 사는 가장 큰 이유가 '안전에 대한 기대'라고 해.

이런 기대는 반은 맞고 반은 틀려. SUV는 차체가 튼튼하고 힘이 좋아 험로에서 탑승자의 안전을 지킬 수 있지만, 일반 승용차와 충돌할 때 상대 차에는 치명적인 위험이 될 수 있어. 또 SUV의 안전성을 지나치게 믿은 나머지 오히려 더 위험하게 운전하다 사고로 이어지는 일도 많다고 해.

SUV를 안전하게 만드는 일은 기술의 영역이지만 SUV가 안전하다고 믿게 하는 것은 광고의 영역이야. 한 번 머릿속에 형성된 이미지는 웬만해서는 사라지지 않아. 기억하는 것보다 기억을 지우는 것이 더 어렵고, 차라리 불가능에 가깝거든. 광고는 바로 이런 이미지, 인상, 인식을 머릿속에 심어 놓는 일이야.

지프의 역사를 설명해주는 동영상
www.youtube.com/watch?v=b-_HOeHk1YI

어떤 제품에 대해서 갖는 이미지나 인상은 상당 부분 광고가 만들어놓은 것일 수 있어. 그리고 시간이 흘러 그 이미지와 인상은 강한 신뢰와 신념이 되지. 지프에 대해 가지고 있는 이미지나 인상 역시 광고의 영향이 매우 크다고 할 수 있어. 지프는 거침없이 대자연 속을 달리고 싶은 세계 모든 사람의 마음에 멋지게 호응하는 자동차야. 함께 살펴볼 광고는 이 군용 소형 사륜구동 트럭으로 시작해서 전 세계 SUV 마니아의 마음을 사로잡은, SUV의 시조새 지프의 볼리비아 광고야.

아래의 광고를 봐. 숲길을 걷는 백설 공주와 빨간 사과를 손에 든 채 갇혀 있는 마녀. 오른쪽 아래에는 '더 이상 길 위에 위험은 없습니다.'라는 카피가 있고 그 아래에는 '모험을 좋아하는 가족을 위한 가장 뛰어난 안전 사양'이라는 설명이 붙어 있어. 그럼, 이 광고의 속뜻은 뭘까? 고개가 갸우뚱해지니?

Jeep, 볼리비아, 2014년, 'No more danger on the road' 더 이상 길 위에 위험은 없습니다. 'The highest features for the adventurous family' 모험을 좋아하는 가족을 위한 가장 뛰어난 안전 사양

그럼 광고 하나를 더 볼까? 학교에 가는 피노키오 그리고 갇혀 있는 고양이와 여우. 도대체 무슨 속뜻일까? 숲을 지나는 백설 공주를 위험에 빠트리는 건 마녀야. 그리고 학교에 가는 피노키오를 위험하게 만든 건 바로 고양이와 여우지. 그래! 광고는 바로 길 위의 모든 위험 요소를 가둬버려서 어느 순간에도 안전하다고 이야기하고 있어. 이 광고는 우리가 잘 알고 있는 명작 동화에서 소재를 가져와 흥미롭게 광고 메시지를 전달하도록 했어. 이렇게 동화, 영화, 애니메이션에 등장하는 주인공과 상황이 광고에 응용되는 예는 이 외에도 많아.

## 세 번째 광고를 만들어볼까?

그럼 이 광고에 이어질 세 번째 광고는 어떤 것이 있을까? 우리나라 전래 동화 '해님 달님'에서 떡 팔고 오는 어머니를 광고에 옮기면 어떻게 될까? 그럼 철창 우리 안에 갇혀 있어야 할 동물은 호랑이겠지.

**Jeep**

# 함께 생각해볼까? / 프레도 아이스크림

### 아르헨티나에서 이탈리아 아이스크림을 만드는 이유

사르르 입 안에서 녹는 달콤한 아이스크림, 다들 좋아하지? 음식 역사학자들에 따르면 이 아이스크림을 가장 먼저 즐긴 사람은 중국 당나라 황제라고 해. 이탈리아의 젤라토, 터키의 돈두르마, 인도의 쿨피처럼 오늘날 세계 많은 나라에서는 저마다 독특한 방식의 아이스크림을 즐기고 있어.

우리가 일반적으로 먹고 있는 아이스크림은 16세기 중엽 안토니오 라티니Antonio Latini라는 이탈리아 사람이 만든 우유 소르베토Sorbetto에서 유래했다고 해. 그래서 이탈리아를 아이스크림의 원조 나라로 꼽는데 지금도 여전히 이탈리아는 아이스크림의 천국이야. 젤라테리아Gelateria라고 부르는 조그만 젤라토gelato 가게가 거리 곳곳에 있는데 할아버지와 아버지한테 물려받은 방법으로 아이스크림을 직접 만들어서 판다고 해. 이탈리아 아이스크림 젤라토는 일반적인 아이스크림과는 달라. 꽁꽁 얼리지 않고 또 제조 과정에서 공기가 덜 들어가서 먹을 때는 쫄깃하면서 부드럽고, 먹고 나면 뒷맛이 아주 깔끔하지.

1969년 부에노스아이레스에 첫 매장을 연 프레도Freddo 아이스크림은 이탈리아식 수제 젤라토를 남미와 미국 등에 수출도 하고 있어. 그런데 왜 아르헨티나 기업에서 이탈리아식 젤라토를 수출까지 하느냐고? 그건 아르헨티나의 역사와 관련이 깊어.

브라질, 쿠바, 베네수엘라 등 대서양 연안 중·남미의 여러 나라는 흑인 인구 비율이 높아. 이와는 달리 아르헨티나는 백인 인구 비율이 95%가 넘지. 아주 오래전부터 유럽은 설탕, 커피, 고무 등 남미 대륙의 자원을 아프리카 흑인 노예의 노동력을 이용해 가져갔어. 이 과정에서 남미에 아프리카 흑인들이 정착했고 원주민과 혼혈이 이루어졌지. 아르헨티나의 드넓은 초원 팜파스에서는 유럽이 원하는 자원을 얻기 힘들었어. 그 덕에 유럽의 자원 수탈을 피할 수 있었고 아프리카 흑인 노예들을 강제로 이주시킬 필요도 없었지.

제2차 세계대전이 끝나자 이번에는 식량이 부족한 유럽이 질 좋은 소고기의 공급지로 아르헨티나 대초원을 주목했어. 하지만 땅은 엄청 넓지만 일할 사람은 턱없이 부족했지. 이때부터 아르헨티나는 가난한 유럽 노동자들의 이민을 적극적으로 받아들였고 이들의 노동력으로 아르헨티나는 한때 세계 10대 부자 나라가 되었지. 유럽 특히 이탈리아 사람들의 이주가 많았는데 지금도 아르헨티나 인구 중 이탈리아계의 비율이 가장 높다고 해. 바티칸의 프란체스코 교황님도 가난한 이탈리아 이민자의 아들이라고 하잖아. 혹시 일본 애니메이션 <엄마 찾아 3만 리>를 본 적이 있니? 엄마가 아르헨티나로 돈을 벌러 떠나자 어린 마르코가 혼자 배를 타고 대서양을 건너 엄마를 찾아가는 이야기야. 이 시대 이탈리아인들의 대규모 이주를 배경으로 하고 있지.

프레도 아이스크림 광고를 볼까? 동화를 소재로 한 이 시리즈 광고는 매우 재미있고 독창적이야. '옛날 옛적 프레도라는 아이스크림이

프레도 아이스크림, 아르헨티나, 2017년
'Once upon an icecream' 옛날 옛적 프레도라는 아이스크림이 있었어요.

있었어요.'로 번역될 카피가 오른쪽 아래 아이스크림과 함께 있어. 빨간 망토 소녀가 집에 도착해보니 할머니와 늑대가 사이좋게 프레도를 먹고 있네. 부드럽고 달콤한 프레도 아이스크림이 사나운 늑대 마음을 사르르 녹게 했나 봐.

다음 광고는 백설 공주의 한 장면이야. 공주는 마녀의 사과에는 눈길도 주지 않고 있네. 그런데 손에는 프레도 아이스크림이 있어. 얼마나 달콤하고 맛있는지 공주는 마녀의 유혹에 전혀 넘어갈 것 같지 않아. 이 정도면 프레도 아이스크림이 얼마나 맛있을지 바로 느껴지겠지?

프레도 아이스크림, 아르헨티나, 2017년, 'Once upon an icecream'
옛날 옛적 프레도라는 아이스크림이 있었어요.

## 세 번째 광고를 만들어볼까?

자, 그럼 '옛날 옛적 프레도라는 아이스크림이 있었어요.'로 시작될 세 번째 광고는 어떻게 만들면 좋을까? 프레도 아이스크림으로 마음이 달콤해진 조커와 배트맨은 어떨까? 아이스크림 첫맛에 마음이 부드러워진 사냥꾼과 토끼는 또 어떨까? 역사와 시사 속 주인공을 소재로 광고를 만들어도 좋을 것 같네.

# Jeepers. Reserve a Wrangler from Hertz.

**Turn your vacation into an adventure with the Jeep Wrangler or another vehicle from the Hertz Fun Collection.®** With selections like the Jeep Wrangler, Ford Mustang or the Corvette, you will find the perfect car for your vacation, because at Hertz, the car you reserve is the car you get. And with SIRIUS Satellite Radio equipped in every car, you'll have the tunes to match your vacation. To reserve a Jeep Wrangler or any of the vehicles included in the Hertz Fun Collection, call **1-800-654-3131,** or visit hertz.com. We have the cars that know how to have a good time. **Let Hertz put you in the driver's seat.**®

hertz.com
Fun Collection vehicles available at select major market locations in the U.S.
**FOR YOUR INFORMATION:** Restrictions apply. Not all vehicles available in all locations. SIRIUS not available in Hawaii and Alaska. SIRIUS is a registered trademark of SIRIUS Satellite Radio, Inc.

# 자동차는 국경 넘어 반납하면 됩니다 / 허츠

시장에서 강한 경쟁자를 이기는 방법, 빅 아이디어

공유 경제인 카셰어링car sharing을 이용하면 자동차를 소유하지 않고도 내 차처럼 편리하게 이용할 수가 있어. 하지만 소유하지 않고도 내 차처럼 이용하는 방법이 카셰어링만 있는 것은 아니야. 렌트 회사가 소유한 자동차를 매달 사용료를 내고 타는 자동차 렌트Rent가 있고, 리스사가 소유한 자동차를 매달 자동차 구입 원금과 이자를 나눠내고 이용하는 자동차 리스Lease가 있어. 리스는 대출과 같은 금융서비스야. 사용자가 자동차를 살 때 리스회사가 구입 비용을 대신 내주고(자동차 소유는 리스사) 이자와 원금을 나눠서 돌려받지. 정수기, 공기 청정기, 복사기와 같은 가정용품, 사무용품은 렌트를 이용해. 병원 의료기기, 공장 기계처럼 구매 비용이 크고 장기간 사용하는 설비는 리스를 이용하지. 그럼 자동차는? 렌트와 리스를 모두 이용하는데, 운전자의 여건에 따라 유리한 서비스를 선택하면 돼.

렌트 사업의 대표라 할 수 있는 자동차 렌트에 대해서 알아보려고 해. 허츠Hertz는 현재 150여 나라에서 렌터카Rent-a-car 서비스를 제공하고 있는 세계적인 기업이야. 1918년 시카고에서 월터 제이콥스가 포드의 '모델 T' 자동차 12대로 자동차 대여 사업을 시작했지. 1923년 이 회사를 존 허츠가 인수했는데 이 회사가 오늘의 허츠야.

자동차 대여 회사가 생겼다는 것은 자동차가 없으면 불편을 느끼는 사람이 그만큼 많이 생겼다는 뜻이야. 자동차가 생활의 일부가 될 만큼 미국의 경제 규모가 커졌다는 의미이지. 1910년만 해도 '사악한 사치'라고 비난받던 미국 자동차에 엄청난 변화가 있었어. 자동차 왕 헨리 포드가 만든 '모델 T' 자동차, 더 정확히 말하면 〈'모델 T'의 대량 생산을 가능하게 한 '이동식 조립 공정'〉은 미국에 놀라운 발전을 불러왔거든.

2013년 헨리 포드는 소고기 정육 공장에서 도축된 소가 컨베이어 벨트를 따라 순식간에 손질되고 포장되는 과정을 경험해. 헨리 포드는 이 컨베이어 벨트를 자동차 생산 공정에 활용했지. 그 결과 자동차 1대의 생산 시간은 12시간에서 1시간 30분으로 줄어들었어. 당시에는 여러 명의 작업자가 한곳에 모여 수작업으로 자동차 한 대를 만들었어. 하지만 새로운 생산 시스템에서는 각 부품을 따로 생산해 컨베이어 벨트 위에서 차례대로 조립했거든. 이 때문에 자동차 생산성이 놀랍게 향상되었고 950달러 하던 자동차 가격을 1916년에는 345달러로, 다시 1925년에는 260달러로 낮출 수 있었어.

컨베이어 벨트 방식 덕분에 미국뿐 아니라 전 세계가 본격적인 대량생산과 대량소비의 시대로 들어서게 되었지. 더 이상 자동차는 '사악한 사치'도 '부의 상징'도 아니었어. 하지만 가격을 낮추고 자동차 생산량만 늘렸다고 미국이 '자동차의 나라'가 되는 것은 아니지. 자동차 연료를 제공하는 정유회사, 미국 전역에 도로를 놓는 건설회사 역시 미국을 '자동차의 나라'로 만든 주인공들이야. 또 하나 자동차 생산이 늘고 구매자가 많아지는 상황에서 다양한 결제 방식을 개발해 자동차를 편리하게 살 수 있도록 한 금융회사도 미국 자동차 산업 발전에 크게 이바지했지.

제1차 세계대전이 끝나고 미국은 놀라운 경제 성장을 이루었어. 산업은 발전하고 생활은 윤택해졌지. 미국의 모든 지역에 사업가와 여행자가 늘었고, 미국 전역을 잇는 자동차 도로를 따라 허츠 역시 빠른 성장을 이어 갔어. 1952년 무렵 미국 도로를 달리는 렌터카 10대 중 6대가 허츠일 만큼 많은 사람이 허츠 렌터카를 이용했지. 그런데 이런 허츠에 당돌하게 도전장을 내민 경쟁 업체가 있었어. 1946년 창사 이래 적자를 면해 본 일이 거의 없는 에이비스Avis라는 작은 렌터카 회사였어.

나는 광고회사 취업을 희망하는 학생들을 대상으로 강의를 하곤 해. 이미 책에 설명이 있거나 다소 지루한 내용보다는 광고 현장의 이야기나 새로운 광고 경향을 전달하려고 하지. 그러나 꼭 설명하고 넘어가야 할 광고의 교과서라 할 만한 내용들이 있거든. 골리앗 허츠를 공략한 다윗 에이비스 광고 캠페인이 그중 하나야.

1952년 미국 렌터카 시장의 60%를 1등 브랜드 허츠가 차지하고 있고 나머지 40%를 다수의 조그만 업체들이 나누어 차지하고 있었어. 이런 시장 상황에서는 허츠의 독주를 막을 방법이 사실상 별로 없어. 상대적으로 조그만 규모의 경쟁자는 허츠의 마케팅, 광고 예산만큼이라도 돈을 써야 하는데 그런 막대한 비용을 감당할 수 없기 때문이야. 하지만 에이비스는 전설적인 광고인 빌 번버크Bill Bernbach를 앞세워 아주 솔직하게 자신의 단점을 고백하는 광고를 선보였어.

'우리는 2등입니다. 그런데 왜 저희 에이비스를 이용해야 할까요? 우리는 더 열심히 노력합니다. 당신이 1등이 아니라면 더 열심히 노력해야만 하는 이유와 같습니다.'

어때? 2등이라는 단점을 장점으로 단번에 아주 멋지게 바꿨지? 이 솔직한 광고는 소비자의 큰 공감을 불러일으켰고 허츠 대신 에이비스 렌터카를 이용하도록 설득했지. 에이비스가 이어서 내보낸 또 다른 광고를 볼까?

'당신이 2등에 불과하다면 열심히 할 수밖에 없겠죠. 달리 무슨 방법이 있겠습니까?'

이 광고를 통해 사람들은 에이비스를 1등 허츠와 경쟁하는 2등 렌터카로 인식하게 되었지. 에이비스에게는 놀라운 성공이야. 시장의 주목을 받지 못했던 에이비스가 1등에 버금가는 2등 자리에 성큼 올라섰어. 큰 비용을 들이지 않고도 독창적인 광고로 매우 영리하게 시장의 반응을 끌어냈지.

처음 에이비스의 도전에 꿈쩍도 하지 않던 허츠도 차츰 시장의 변화를 느꼈어. 나중에 빌 번바크와 함께 미국 광고 명예의 전당에 이름을 올린 칼 알리를 앞세워 아주 강력한 광고로 응수에 나섰지.

'지난 수년 동안 에이비스는 허츠를 넘버원이라고 말해왔습니다, 이제 그 이유를 설명하려고 합니다.'

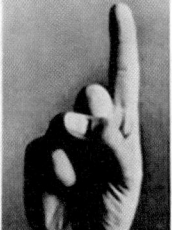

허츠는 이어 또 다른 광고로 한 걸음 더 나갔어.

'그들이 더 열심히 노력할수록 우리는 더 나아집니다.'

있는 힘껏 달려오는 에이비스와 앞서가는 허츠를 작은 강아지와 큰 개로 풍자한 광고야.

### 자동차는 국경 넘어 반납하면 됩니다

시간을 훌쩍 뛰어넘어 2017년 허츠 이스라엘 법인의 광고를 살펴볼까? 렌터카를 이해했다면 다음 광고의 속뜻을 쉽게 추측할 수 있을 것 같아. 국경을 맞대고 있는 나라들이라면 렌터카로 자유롭게 왕래할 수 있겠지. 슬로베니아의 수도 루블랴냐에서 차를 빌려 타고 크로아티아의 자그브레를 여행한 다음 세르비아의 수도 베오그라드에 도착해서 빌린 차를 반납하는 거야. 이 멋진 렌터카 여행, 상상만 해도 정말 가슴 뛰지 않니?

허츠, 이스라엘, 2017년
'Ljublijana, Zagreb, Belgrade. On your way.' 루블라냐, 자그브레, 베오그라드. 당신이 가시는 길에.

참, 유럽에는 세 가지 색깔의 띠가 가로나 세로로 배열된 삼색기가 많은데, 여기에는 역사적 배경이 있어. 삼색기가 유럽에 처음 등장한 건 프랑스 대혁명 때야. 백합 문양의 깃발을 휘날리며 공격하는 부패한 왕족과 귀족들을 무너뜨리고 공화정을 세울 때 시민군은 삼색기를 앞세웠다고 해. 삼색기의 파랑은 자유, 하양은 평등, 빨강은 우애를 의미하거든. 프랑스 혁명을 거치며 삼색기는 프랑스의 국기가 되었어.

프랑스 대혁명의 영향을 받은 유럽의 국가들은 프랑스의 삼색기를 모방해서 쓰고 있어. 이탈리아 국기도 삼색기야. 초록, 하양, 빨강은 각각 희망, 신뢰, 사랑을 의미해. 그러고 보니까 광고 속의 세 나라 국기 모두 파랑, 하양, 빨강의 삼색 띠가 배열순서만 다를 뿐 똑같네? 우연일까?

광고의 세 나라는 각각 슬로베니아, 크로아티아, 세르비아로 모두 슬라브 민족이 세운 나라야. 이들 나라를 범 슬라브 국가라 부르는데 광고 속의 세 나라 외에 슬로바키아, 체코 같은 나라가 더 있지. 슬라브 민족은 오스만 튀르크에게 오랫동안 지배받았어. 이들은 독립을 쟁취하며 자유와 혁명을 상징하는 파랑, 하양, 빨강의 삼색기를 국기로 채택했지. 파랑, 하양, 빨강의 삼색기에 고유의 국장을 새겨서 자기 나라의 국기로 삼고 있어. 범 슬라브 국가들은 서로 비슷한 국기를 사용해서 '슬라브 민족은 하나다.'라고 세계에 외치고 있지.

슬로베니아 국기

크로아티아 국기

세르비아 국기

또 다른 광고는 오스트리아(수도 비엔나), 슬로베니아(수도 루블라냐), 헝가리(수도 부다페스트)의 삼색기를 이용해서 허츠의 서비스를 설명하고 있어. 오스트리아는 범 슬라브 국가는 아니지만.

허츠, 이스라엘, 2017년
'Vienna, Ljublijana, Budapes.' 비엔나, 루블라냐, 부다페스트. 당신이 가시는 길에.

오스트리아 국기        슬로베니아 국기        헝가리 국기

## 세 번째 광고를 만들어볼까?

그럼, 이 광고에 이어질 허츠의 세 번째 광고를 만들어 볼 수 있겠지? 우선 지도 책을 펴놓고 서로 국경을 맞대고 있으면서 국기 형태가 비슷한 나라를 찾아볼까? 중남미의 온두라스, 니카라과, 엘살바도르 이 세 나라는 어떨까? 꼭 가로로 배열된 삼색기일 필요는 없어. 국기를 정했다면 그 나라의 역사도 함께 알아보면 더 좋을 것 같구나.

# 함께 생각해볼까? / 옴산 로직스

### 보는 순간 무릎을 '탁' 치게 되는 광고

함께 살펴볼 광고는 튀르키예(터키) 앙카라에 본사를 두고 유럽, 발칸반도, 중동의 물류를 책임지고 있는 운송회사 옴산 로직스Omsan Logistics의 광고야. 한눈에 바로 무릎을 칠 만하지? 컨테이너와 삼색기 그리고 지게차를 절묘하게 결합했어. 헝가리에서 싣고 온 컨테이너를 지게차로 룩셈부르크에 내리고 있네. 물론 보기에 따라서는 그 반대일 수도 있겠지. 어쨌든 국기에도 관심을 가져 둘 것. 언제 이런 재미있는 발상이 필요할지 모르니까 말이야.

다음 광고를 보면 이번에는 프랑스에서 싣고 온 컨테이너를 크레인으로 오스트리아로 실어 보내고 있어. 전달하려는 메시지가 아주 단순하면서도 분명하게 표현되어 있지 않니?

옴산 로직스, 튀르키예(터키), 2015년
'The world is closer with OMSA.' 옴산과 함께 라면 세계는 더 가깝습니다.

## 세 번째 광고를 만들어볼까?

옴산 로직스의 광고 두 편에 이어질 세 번째 광고를 만들어볼까? 앞서 허츠 광고처럼 국경을 맞대고 있고 국기가 서로 연결되는 세 나라를 찾느라 골치가 아팠다면 이번엔 한결 수월할 거야. 두 나라가 국경을 맞대고 있지 않아도 되니까 말이야. 먼저 세계지도와 국기가 소개된 책을 펼쳐보자고.

# 당신이 생명보험에 가입해야 하는 이유 / 알리안츠

### 화가보다 〈생각하는 사람〉이고 싶었던 르네 마그리트

최근에 가족이 함께 미술관에 다녀온 일이 있니? 미술관에는 단번에 고개를 끄덕이게 하는 그림도 있지만, 고개를 갸우뚱하게 하는 어려운 그림도 있어. 왼쪽의 그림은 1929년 벨기에 초현실주의 화가 르네 마그리트Rene Magritte(1898~1967)가 그린 유화야. 제목은 〈이미지의 배반〉인데, 어째 제목부터 골치가 아프지? 담배 피울 때 쓰는 파이프 그림 아래 작가는 프랑스어로 '이것은 파이프가 아닙니다.'라고 써 놓았어.

이 그림을 이해하기 전에 먼저 초현실주의라는 예술 사조에 대해서 알아보자. 제1차 세계대전(1914~1918)의 광풍이 휩쓸고 간 유럽은 너무도 참혹했어. 친구와 형제들은 죽었고 거리의 건물은 폭격에 무너졌지. 유럽의 예술가들에게는 참으로 믿기지 않는 현실이었어. 이들은 이 참담한 현실에서 벗어나고 싶었지. 그래서 꿈, 무의식, 자유로운 상상의 세계에 깊은 관심을 두게 되었는데, 오늘날의 정신분석학을 연 오스트

이미지의 배반, 1929년, 르네 마그리트(Rene Magritte, 1898~1967)

리아의 정신과 의사 지그문트 프로이트Sigmund Freud(1856~1939)에게서 많은 영향을 받았다고 해. 바로 이들이 펼친 문화 운동이 초현실주의 Surrealisme(슈리얼리즘)야.

   초현실주의를 대표하는 화가들로는 러시아 출신으로 프랑스에서 작품 활동을 한 마르크 샤갈Marc Chagall(1887~1985), 스페인 화가 살바토르 달리Salvador Dali(1904~1989) 그리고 르네 마그리트를 들 수 있어. 샤갈의 그림은 꿈속 같고 동화 같아. 달리의 작품은 사물이 녹아 흐르는 듯하고 배치는 너무도 비이성적이라 섬뜩하기까지 해. 초현실주의 화가들은 눈에 보이는 그대로를 캔버스에 옮기는 것보다 왜곡하거나 변형해서 작가의 상상과 잠재의식을 자유롭게 표현하지. 자신의 작품이 놀랍고 낯설게 보이도록 새로운 미술 기법을 사용했는데 콜라주*, 데포르마시옹**, 데칼코마니*** 등이 이 예술 운동가들의 작품에 많이 보여.

\* 콜라주 [collage]
본래 '풀칠' '바르기' 따위의 의미였으나, 의미가 바뀌어 화면에 인쇄물, 천, 쇠붙이, 나무조각, 모래, 나뭇잎 등 여러 가지를 붙여서 구성하는 회화 기법, 또는 그러한 기법에 의해 제작되는 회화.

\*\* 데포르마시옹 [déformation]
변형, 왜곡이라는 뜻. 대상을 시각적 영상으로 충실히 재현하는 것이 아니라, 어떤 의미에서 그 대상을 고의로 왜곡시켜 그리는 법.

\*\*\* 데칼코마니 [décalcomanie]
유리판이나 아트지 등의 비흡수성 소재에 그림물감을 칠하고 거기에 다른 종이를 덮어놓고 위에서 누르거나 문지른 다음, 떼어내어 기묘한 형태의 무늬가 생기게 하는 기법.

출처 : 세계미술용어사전

〈이미지의 배반〉을 그린 르네 마그리트 역시 매우 독보적인 초현실주의 화가야. 자신이 '화가'보다 '생각하는 사람'으로 불리기를 원했다고 해. 눈에 보이는 파이프는 현실이지만 눈에 보이지 않는 초현실에서는 파이프가 아니라는 의미를 이렇게 캔버스에 담았어. 상식과 논리의 세상에서는 파이프이지만 또 다른 차원의 세상에서는 파이프가 아니라는 건데, 르네는 '그럼 파이프가 아니면 도대체 뭐냐?'는 질문도 많이 받았나 봐. 그런 탓인지 이듬해 마그리트는 〈꿈의 해석 Interpretation of Dreams〉을 하나 더 그려. 현실의 달걀은 아카시아l' Acacia, 여성용 구두는 달la Lune, 신사 모자는 눈la Neige, 촛불은 천장le Plafond, 유리컵은 폭풍l' Orage, 망치는 사막le desert이라고 친절한(?) 설명을 덧붙였어.

〈이미지의 배반〉을 본 평론가들은 이 그림은 파이프의 이미지일 뿐 실제로 담배 피울 때 쓸 수 있는 파이프가 아니며, 이 물건을 꼭 파이프라고 불러야 하는 관념과 관습을 부정하는 새로운 정신을 캔버스에 옮겼다고 호평했지. '어휴 복잡해~' 평론가들은 으레 이렇게 복잡하고 어려운 말들을 즐겨 쓰는 것 같아. 마그리트는 언젠가 자신의 다른 작품을 설명하며 '나는 실제로 테이블을 그리는 것이 아니라 그것이 내게 불러일으키는 감정을 그린다.'라고 이야기한 일이 있어. 아마도 이 그림을 그릴 때 마그리트의 마음속에는 파이프가 아닌 다른 감정이 일어났고 그 감정을 그림으로 옮겼다고 생각할 수 있지.

르네 마그리트의 작품 〈이미지의 배반〉은 광고에도 자주 등장하는데 어떤 광고인지 함께 볼까? 앞서 살펴본 마그리트의 원작 그림과 아

꿈의 해석(아카시아, 달, 눈, 천장, 폭풍, 사막), 1930년
르네 마그리트(Rene Magritte, 1898~1967)

알리안츠 생명보험, 독일, 2008년
'This is a fatal bronchia-contaminator, Hopefully Allianz health insurance.'
이것은 파이프가 아닙니다. 기관지에 심각한 질병을 일으키는 물건입니다. 바라건대 알리안츠 생명보험에 가입하십시오.

주 비슷하지? 프랑스어 대신 영어로 '이것은 파이프가 아니다.'라고 쓰여 있는 점, 또 오른쪽 아래 알리안츠Allianz라는 심볼이 있다는 점만 뺀다면 말이야.

　이 광고는 알리안츠라는 독일 생명보험회사의 광고야. 생명보험은 뜻하지 않게 겪을 수 있는 재난, 사고, 질병에 대비해서 다수의 구성원이 돈을 모아 두었다가 사고를 당하면 본인이나 가족에게 주는 제도야. 생명보험은 고대 로마 시대 병사들의 조합이나 수공업자 보험과 같은 상호부조(다수의 개인 또는 집단이 공동의 목표를 달성하기 위해 함께 행동하면서 성립되는 사회적 관계-네이버 지식백과)에서 유래했다고 해. 처음에는 그 목적이 장례비용 마련이었으나 나중에는 남은 가족들의 생활비 지원으로 확대되었어. 중세 십자군 기사들도 예루살렘으로 길을 떠나기 전에 보험에 들어서 자신이 죽은 뒤 가족들이 경제적인 어려움을 겪지 않도록 대비했다고 해.

그런데 생명보험 광고에 마그리트의 이 그림을 왜 사용했을까? 실제 마그리트는 전업 작가가 되기 전에 광고회사에서 잠깐 일을 한 적이 있다고 해. 물론 그 이유로 이 광고에 마그리트의 작품이 등장하는 것은 아니지만 말이야. 담배는 많은 질병을 일으키니까 보험회사에서 보면 이것은 파이프가 아니라 심각한 병을 일으키는 물건이지. '이것은 파이프가 아닙니다.'라는 카피와 함께 보험회사 심볼 옆에 '이것은 기관지에 심각한 질병을 일으키는 물건입니다. 바라건대, 알리안츠 생명보험에 가입하십시오.'라는 카피가 있어. 파이프로 담배를 피우다 병이라도 덜컥 걸리면 큰일이니까 미리 알리안츠 생명보험에 가입해 두라는

알리안츠 생명보험, 독일, 2008년
'This is not a hammer, This is a common finger squasher. Hopefully Allianz.'
이것은 망치가 아닙니다. 이것은 주변에서 흔히 볼 수 있는 손가락을 콕 찧는 물건입니다. 바라건대, 알리안츠 생명보험에 가입하십시오.

내용이지.

　잘 알려진 명화에 의외의 메시지를 더해 전달하면 주목받기도 쉽고 또 효과적으로 기억될 수 있어. 이렇게 익히 알려진 작품을 광고에 다시 사용하는 걸 패러디Parody라고 해. 원작을 풍자적으로 다시 사용해서 새로운 메시지를 전달하는 표현방식이야. 이건 단순한 모방이나 표절과는 달라. 광고에는 이런 패러디 방식이 자주 쓰이는데, 미술관에 있어야 할 그림이 신문, 잡지에 실려 있다는 의외성만으로도 많은 호기심을 일으킬 수 있거든. 알리안츠 생명보험의 광고를 하나 더 볼까?

　'이것은 망치가 아닙니다. 이것은 주변에서 흔히 볼 수 있는 손가락을 콕 찧는 물건입니다. 바라건대, 알리안츠 생명보험에 가입하십시오.' 누구나 사소한 실수로 사고를 당할 수 있으니 미리 알리안츠 생명에 가입해 두라는 이야기를 광고는 하고 있지. 누구나 다 알고 있는 파이프와 망치에 새로운 의미를 담아내는 창의적인 작업이 바로 광고야. 광고인들은 이렇게 메시지를 더욱 흥미롭고 놀랍게 전달하는 방법을 생각하기 위해 밥 먹듯 밤을 새우곤 해.

### 세 번째 광고를 만들어볼까?

그럼, 이번 장을 넘기기 전에 이 광고에 이어질 세 번째 광고를 완성해보자. 우리 주변에서 질병을 일으키기 쉬운 사소한 사물을 찾아봐. 이제 그 물건은 우리가 익히 알고 있는 사물로 보이지 않을 거야. 그 사물로 인한 질병이나 사고가 보이지? 수채화, 유화, 사진…… 사물을 표현하는 방법은 달리해도 좋아. 이렇게 현실 저 너머의 세계를 봤다면 이미 초현실주의를 살짝 경험했다는 뜻이지.

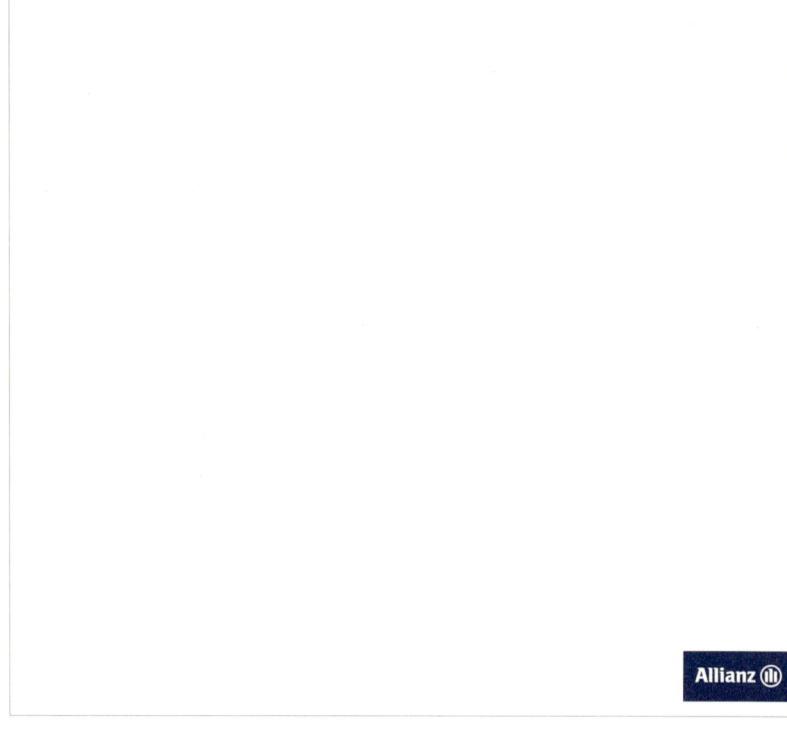

# 함께 생각해볼까? / 세계자연기금 WWF

### 생태계와 자연의 친구를 보호하는 세계 최대 NGO

오른쪽 페이지의 광고에는 마그리트의 원작 그림과는 사뭇 다른 파이프가 보이는데 원작처럼 프랑스어로 '이것은 파이프가 아닙니다.'라고 씌어 있고 오른쪽 아래 팬더 그림의 WWF 심볼이 있지. 도대체 이 광고는 또 뭘까?

먼저 세계자연기금 WWF(World Wide Fund for Nature)에 대해서 알아보기로 해. 1961년 영국의 생물학자 줄리안 헉슬리는 자신이 아프리카에서 보고 온 소름 돋는 사실을 신문에 소개했어. 헉슬리는 무분별한 사냥으로 많은 동물이 생명을 잃고 서식지가 파괴되는 아프리카의 현실을 목격했어. 이대로 가다가는 동물들이 지구상에서 곧 사라질 거라는 두려움을 느꼈지. 헉슬리의 신문 기사는 큰 관심을 불러일으켰어. 빅터 스톨란이라는 기업가는 하루빨리 기금을 조성해서 대책을 세우고 행동에 나서야 한다고 제안했고 곧 조류학자, 광고, 홍보 전문가들이 활동가로 참여하여 세계야생동물기금 WWF(World Wildlife Fund)를 창립했어. WWF는 세계 모든 사람에게 자신들의 활동을 알리고 참여를 설득하는 일이 중요하기 때문에 매우 수준 높은 광고 캠페인을 펼치는 것으로도 유명해.

WWF의 심볼인 팬더는 멸종 위기의 동식물 보호와 생태계 보전이라는 WWF의 정신을 잘 표현한다는 점에서 선택되었어. WWF와 같은 비정부 조직 NGO(Non-Governmental Organization)는 재정이 넉넉하지 못해서 광고나 포스터도 컬러보다 비용이 덜 드는 흑백으로 제작해야 하는데, 검은색과 하얀색으로 이루어진 팬더는 흑백으로 인쇄해도 전혀 문제가 없거든. 그래서 WWF의 웹사이트 주소도 www.panda.org야.

처음에 WWF는 세계야생생물기금World Wildlife Fund으로 출범했는데 동식물만을 대상으로 하던 활동 영역이 점차 넓어지면서 1986년 세계자연기금World Wide Fund for Nature으로 이름을 바꾸었어. 하지만 여

세계자연기금 WWF, 폴란드, 2015년
'Ceci n'est pas une pipe.' 이것은 파이프가 아닙니다.

전히 줄여서 WWF로 불러. WWF는 전 세계 500만 명의 후원자와 함께 100여 나라에서 활동하고 있는 세계 최대의 NGO야. 지구 생태계와 생물 종 보전을 위해 기후변화 대응, 생태 발자국 감축, 지속 가능한 해양 보전, 생물 다양성 보전 등을 위해 활발히 활동하고 있어.

그런데 도대체 마그리트의 그림을 패러디한 이 광고가 말하려는 건 뭘까? WWF 광고에는 다른 카피는 아무것도 없어 단지 '이것은 파이프가 아닙니다.'는 문구 뿐이야. 가만히 보면 원작과 사뭇 다른 파이프는 죽은 코끼리 상아로 만들었어. 광고는 긴 카피 없이도 '이것은 파이프가 아닙니다. 인간이 잔인하게 사냥한 코끼리의 상아이며 인간의 끝없는 탐욕이며 이로 인한 코끼리의 멸종입니다.'라는 이야기를 아주 강렬하게 전달하고 있지. WWF는 이런 공익 광고로 생태계와 환경에 대해

세계자연기금 WWF, 폴란드, 2015년
'Ceci ne sont pas des lunettes.' 이것은 안경이 아닙니다.

세계의 각성과 관심을 촉구하는 일에 앞장서고 있어.

'이것은 안경이 아닙니다.' 이 광고 역시 같은 메시지를 전달하고 있어. 안경테는 상아뿐 아니라 코뿔소와 같은 동물의 뿔로도 만들거든.

## 세 번째 광고를 만들어볼까?

그럼 이 광고들에 이어 무분별한 동물 사냥과 포획을 경고하는 세 번째 광고를 생각해볼까? 동물의 뿔뿐 아니라 동물의 가죽이나 기름으로 만드는 것들은 또 무엇이 있을까? 그 물건을 소재로 광고를 완성해 보자. 프랑스어를 모른다고? 한글도 훌륭해. 한글로 카피를 써넣으면 또 다른 느낌이 들 거야.

# 시간 없고 돈 없는 사람들의 음식, 패스트푸드 / 리오 그란데

### 미국의 빠른 성장 속도에 맞춰 생겨난 패스트푸드

1918년, '자동차 왕' 헨리 포드는 컨베이어 벨트를 따라 차체가 이동하면 그 위에 부품을 조립해서 자동차를 완성하는 이동식 조립 라인을 도입했어. 그 결과 자동차 생산 시간은 놀랍게 줄어들었고 가격은 큰 폭으로 내렸지. 마침내 누구나 자동차를 소유할 수 있는 자동차 시대가 활짝 열리게 되었어. 풍요로운 미국을 상징하는 멋쟁이 자동차들이 도로 위를 달리는 동안 고속도로 주변에 급속히 늘어나는 것이 또 하나 있었어. 바로 패스트푸드 식당이야. 이 식당들은 자동차 도로 건설 붐과 함께 도로 옆에 문을 열기 시작했는데, 차 안에서 주문하고 식사까지 마치는 드라이브 쓰루Drive Through 식당이었어. 빨리 주문하고 빨리 먹는 패스트푸드는 미국의 빠른 성장 속도에 때맞춰 생겨난 음식이지.

패스트푸드를 대표하는 햄버거는 가장 미국적인 음식이라고 할 수 있어. 아니, 햄버거는 이미 음식이 아니라 미국 자체라고도 할 수 있지. 미국과 새로 외교 관계를 맺은 나라를 말할 때 미국의 유명 패스트 푸드점이 그 나라에 문을 열었다는 뉴스로 대신하곤 해. 햄버거 하나를 먹는 데 걸리는 시간은 고작 5분, 하지만 이 햄버거 한 조각에는 1900년대 초반부터 시작된 미국 산업 사회의 긴 역사가 겹겹 들어 있어.

쇠고기, 돼지고기를 다져서 만든 미트볼은 드라이브 쓰루 식당의 인기 메뉴 중 하나였어. 하지만 운전대를 잡고 미트볼을 먹으려면 다소 불편했지. 위스콘신 출신의 찰리는 빵 사이에 납작하게 누른 미트볼을 끼워서 운전 중에도 편하게 먹는 샌드위치를 개발했어. 그리고 쇠고기를 다진 스테이크로 유명한 독일 함부르크의 지명을 붙여 햄버거라고 불렀지. 1900년대 초까지도 햄버거는 시간 없고 돈 없는 사람들을 위한 비위생적인 음식이었어.

1948년 리처드와 모리스 맥도날드 형제는 햄버거를 비롯한 몇 가지 요리들만 빠르게 조리해서 파는 맥도날드 1호점을 열어. 맥도날드 형제는 헨리 포드가 자동차 생산 속도를 높이기 위해 도입했던 이동식 조립 라인을 주방으로 들여온 거야. 패스트푸드 식당의 주방을 잠깐 들여다봐. 아마 주방이라기보다는 공장 같다는 생각이 들걸. 어쨌든 시간이 없는 운전자는 맥도날드 1호점에서 어떤 식당보다 빨리 음식을 먹을 수 있었어. 곧 맥도날드 형제의 소문은 미국 전역으로 퍼져 나갔지.

플로리다 주에서 식당을 운영하고 있던 크레이머는 비행기를 타고 이 식당을 다녀간 후 비슷한 패스트푸드 식당을 차렸지. 이 식당이 맥도날드의 뒤를 이어 태어난 버거킹이야. 곧 레이 크록이라는 걸출한 사업가가 합류하면서 맥도날드는 놀라운 성공을 거둬. 레이 크록은 사업 수완과 안목이 정말 남다른 사람이었거든. 레이 크록은 프랜차이즈 방식으로 미국 전역에 맥도날드 매장을 빠르게 늘려나갔어. 프랜차이즈란 사업 희망자(가맹점)를 모집해서 본사가 창업과 운영을 지원하기 때문에 본사는 큰돈이 없어도 사업을 쉽게 확장할 수 있거든. 우리나라 대부분의 치킨집이나 피자 가게도 이런 프랜차이즈 방식인데 본사와 가맹점 사이의 계약이 불공정해서 본사의 갑질이 문제가 되고 있지.

패스트푸드 체인점은 모든 식당에서 똑같은 맛을 내는 것이 무엇보다 중요해. 전 세계 패스트푸드 식당은 자기들만의 방식으로 배합한 재료를 똑같은 조리 기구와 조리 시간, 조리법으로 요리하지. 정해진 조리 시간과 조리법만 따르면 햄버거, 프렌치프라이, 밀크쉐이크 등 모든 요리가 빠르게 완성되도록 표준화되었기 때문이야. 전문적인 교육이나 경험은 필요 없어. 그래서 세계 대부분의 패스트푸드 식당에는 10~20대 아르바이트가 많아. 10~20대 아르바이트, 셀프서비스 그리고 먹고 나면 바로 쓰레기통에 버리는 1회용품들이 바로 패스트푸드 식당의 첫인상이지.

햄버거 맛을 똑같이 내기 위해서는 쇠고기 패티의 품질과 맛을 똑같이 유지하는 것이 제일 중요해. 여러 곳의 중소 쇠고기 정육 공장을 관리하는 것보다 한두 곳의 대형 정육 공장을 집중적으로 관리하는 것이 더 효율적이겠지. 소들은 거대한 목장의 좁은 축사 안에서 사료로 길러지고 해당 개월 수가 되면 도축돼 컨베이어 벨트에 매달려 순식간에 부위별로 해체돼. 도축된 여러 소의 고기를 한데 모아 섞고 갈고 첨가제를 넣어서 패티를 만들어. 수백 마리 소에서 나온 부위별 쇠고기를 한데 모아서 섞기 때문에 패티 하나에는 수백 마리 소의 고기가 들어 있을 수 있어. 만약 이 중 한 마리라도 병에 걸려있거나 도축 과정에 문제가 있다면 많은 사람이 동시에 위험에 빠질 수 있지. 오랫동안 지적되어 온 햄버거의 문제 중 하나야.

패스트푸드는 세계 모든 나라로부터 정크 푸드(쓰레기 음식)라는 비난을 받아. 패스트푸드는 원료를 가공하고 조리하면서 맛과 영양을 잃기 쉬워. 그래서 손실된 부분을 첨가물로 보완하는데 이 첨가물들이 건강을 위협해. 또 지나치게 포화지방이 많고 열량이 높아서 비만 등 성인병의 원인이 되기도 해. 2004년 영화감독 모건 스퍼록이 맥도날드의 슈퍼 사이즈라는 햄버거만 30일간 먹으며 자신의 몸에 일어나는 변화를 기록해서 생체 실험 영화를 만들었어. <슈퍼 사이즈 미Super Size me>라는 제목의 이 영화에서 모건 스퍼록은 살이 찌고 콜레스테롤 수치가 오르고 고혈압과 햄버거 중독 증상까지 보여. 또 영화를 찍으며 찐 살은 영화를 다 찍고도 오랫동안 빠지지 않았어. 이 영화가 발표되고 곧 맥도날드는 슈퍼 사이즈를 메뉴에서 지웠다고 해. 영화는 햄버거가 비만의 원인이라는 사실을 집요하게 파고들었고 각계각층 사람들의 관심을 끌게 되었지.

슈퍼 사이즈 미 요약 유튜브 동영상
www.youtube.com/watch?v=a_NHo1o9RUM

햄버거 먹을 때 빼놓을 수 없는 프렌치프라이는 본래 프랑스와 그 이웃 나라 벨기에 사람들이 먹던 폼므 프리츠Pomme frites에서 유래했어. 포크나 접시가 없어도 먹을 수 있고 운전하면서도 먹기가 편해 미국의 드라이브 쓰루 식당에서 인기가 높았지. 패스트푸드 식당의 프렌치프라이는 기름에 튀기기 때문에 양이 적어도 열량은 매우 높아. 감자를 찌거나 굽는 것보다 기름에 튀기면 열량이 5배나 높아진다고 해. 주문한 프렌치프라이가 우리 앞에 놓이는 과정도 정육 고기와 크게 다르지 않아. 먼저 대형 공장에서 같은 크기의 감자들만 모아 껍질을 벗기고 똑같은 크기로 잘라. 그다음 기름에 튀기고 급속 냉동시켜 트럭으로 나른 후 주문과 동시에 다시 한번 더 튀기지.

피자도 좋아하겠지? 피자는 이탈리아 나폴리의 가난한 사람들이 둥근 밀가루 반죽 위에 양파, 버섯, 생선 등을 얹어 구워 먹던 음식이었어. 하지만 공장에서 대량 생산된 냉동피자는 곧 패스트푸드 대열에 합류했지. 피자 역시 가공 과정에서 영양이 손실되고 첨가제와 화학 보존제가 들어가.

함께 살펴볼 광고는 브라질 리오 그란데 도 노르테 주에서 만든 '정크 푸드를 먹지 맙시다.' 캠페인이야. 브라질은 26개 주로 이루어진 연방 국가야. 브라질 국민들은 주 예산을 효율적으로 사용하도록 예산 집행에 적극적으로 참여해. 정크 푸드를 많이 먹어서 시민들이 병에 걸리면 의료보험 등 사회적 비용이 들잖아. 개인에게도 불행이고 사회적으로도 손실이지. 예산을 더 필요한 곳에 쓰기 위해서 시민의 건강을 지키는 일에 행정당국과 시민 사회가 앞장서야 할 필요가 여기에 있어. 그래서 리오 그란데 도 노르테 주의 〈의회〉는 〈시민 단체〉와 함께 시민들의 건강을 위해 이런 광고를 했어.

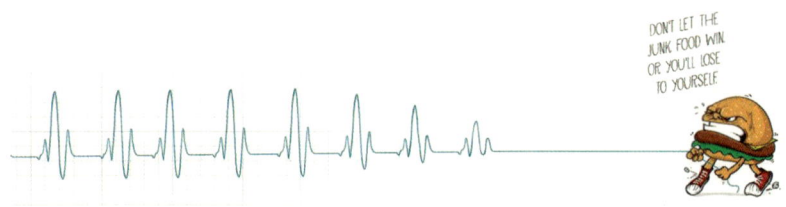

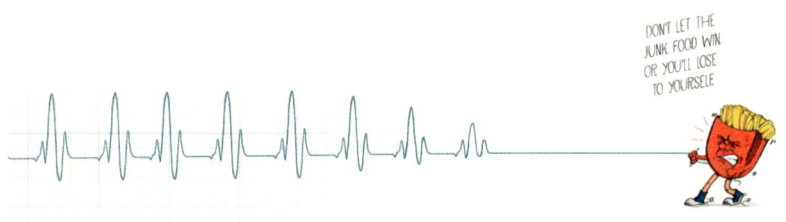

리오 그란데 도 노르테 주 의회, 브라질, 2013년
'Don't let the junk food win or you'll lose to yourself.' 정크 푸드에 지면 건강을 잃습니다.
'Nutritional, orientation and medical services for those in need.' 도움이 필요한 사람들을 위한 영양, 교육 및 의료 서비스

'정크 푸드에 지면 건강을 잃습니다.' 광고 속 햄버거와 프렌치프라이가 지금 우리 건강에 무슨 나쁜 일을 하는지 바로 알 수 있겠지. 패스트푸드가 몸에 좋지 않은 것은 지나치게 열량이 높고 불포화지방이 많기 때문이야. 또 가공 과정에서 설탕과 나트륨이 많이 들어가기 때문이지.

## 세 번째 광고를 만들어볼까?

햄버거, 프렌치프라이 외에 우리 건강에 해로운 음식과 식습관은 또 무엇이 있을까? 당분이 많이 든 음료, 쿠키, 빵, 아이스크림처럼 자꾸만 손이 가는 음식 중에는 건강을 해치는 것들이 많아. 이 음식들을 이용해서 광고에 이어질 세 번째 광고를 만들어보자.

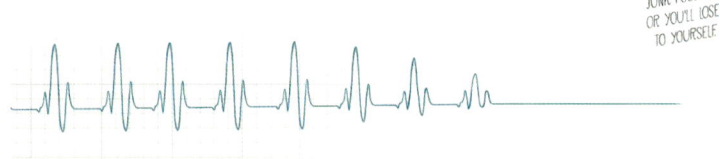

# PeTA

## 함께 생각해볼까? / PeTA

동물들을 윤리적으로 대우해 주세요

　패스트푸드는 환경단체, 소비자단체, 건강 및 보건 단체는 물론 동물보호단체로부터도 많은 비난을 받아. 대부분 패스트푸드는 소, 돼지, 닭 정육을 원료로 해. 이들 가축을 기르고 고기로 만드는 과정에서 생명에 대한 존엄성이 지켜지지 않고 있어. 어떤 닭은 가슴살을 많이 얻기 위해 가슴이 지나치게 커지도록 개량됐어. A4 용지만 한 비좁은 양계장에서 움직이지도 못한 채 살이 찐 닭은 제대로 서 있지도 못해. 소와 돼지도 마찬가지야. 한 공장에서 매일 수천 마리씩 도축되기 때문에 완전히 기절하지 않은 상태에서 고통스럽게 죽음을 맞고 또 도축된 상태에서도 함부로 다뤄진다고 해.

　동물의 권익을 보호하는 일에 앞장서는 NGO(non-governmental organization)가 있어. 전 세계 5만여 회원이 활동하고 있는 PeTA라는 동물권익단체인데 세계적인 패스트푸드 기업들과 자주 갈등을 빚어. PeTA라는 이름은 'People for the Ethical Treatment of Animals'의 앞

글자에서 따온 말이야. '동물을 윤리적으로 대우하는 사람들'이라는 뜻인데 동물은 먹거나 입는 대상이 아니고 또 오락의 대상도 아니며 그 외 다른 방식으로 함부로 다뤄서도 안 된다고 주장하며 활동하고 있어. PeTA는 과격하고 급진적인 시위로 언론에 자주 등장하는데, 1980년대 후반부터 '모피를 입느니 차라리 벌거벗겠다.'는 슬로건을 앞세우고 알몸으로 모피 반대 운동을 펼쳤어. 특히 이 캠페인의 포스터에는 헐리우드의 유명 배우도 옷을 벗고 참여하며 전 세계의 이목을 집중시켰지. 그런데 2020년 이 단체가 돌연 캠페인을 종료한다고 밝혔어. 이 캠페인의 성공으로 세계 여러 도시에서 모피 판매가 규제 또는 금지되고, 모피 산업이 내리막길을 걷기 시작했거든.

함께 살펴볼 PeTA 광고는 코끼리의 가계도를 소재로 하고 있어. 그런데 코끼리가 있어야 할 자리에 빗, 피아노 건반, 초 등이 있어. 도대체 이 광고의 메시지는 무얼까? 가계도 아래를 보면 '당신의 탐욕 때문에 해마다 밀렵당한 5,000마리 이상의 코끼리가 초, 빗, 피아노 건반이 되고 있습니다. 곧 코끼리가 멸종되고 나면 누가 비난받을까요? 코끼리 밀렵꾼입니까? 당신입니까?'라는 카피가 있어.

광고를 하나 더 볼까? 이건 소의 가계도야. 가계도 아래에는 '당신의 탐욕 때문에 매년 도살된 50만 마리의 소가 햄버거, 백, 립스틱이 되고 있습니다. 곧 소가 멸종된다면 누가 비난 받겠습니까? 소 도축꾼입니까? 당신입니까?'라는 카피가 있어. 그럼, 이 두 편의 광고가 전달하려는 내용을 알겠지?

PeTA(People for the Ethical Treatment of Animals 동물권익 NGO), 인도, 2006년
'Over 5000 elephants are poached every year to feed your greed for candles, combs and piano keys. So who's to blame if the elephant goes extinct soon: the poacher or you?'
당신의 탐욕 때문에 해마다 밀렵된 5,000 마리 이상의 코끼리가 초, 빗, 피아노 건반이 되고 있습니다. 곧 코끼리가 멸종되고 나면 누가 비난 받을까요? 코끼리 밀렵꾼입니까? 당신입니까?

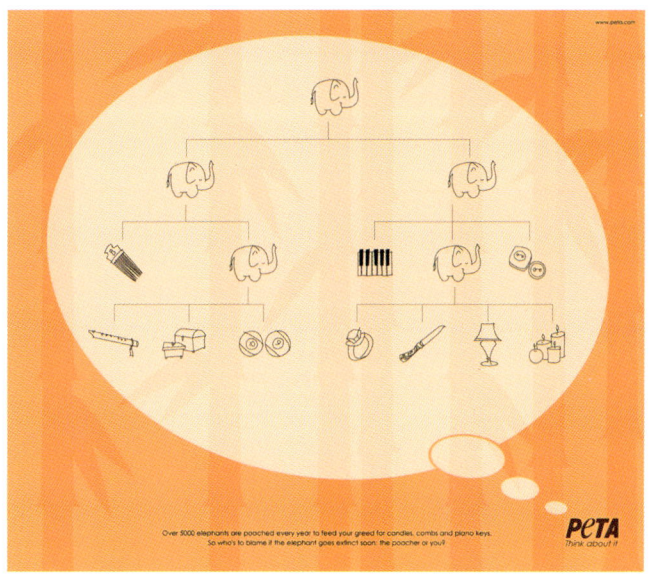

PeTA(People for the Ethical Treatment of Animals 동물권익 NGO), 인도, 2006년
'Over 50 million cows are slaughtered every year to feed your greed for burgers, bags and lipsticks. So who's to blame if the elephant goes extinct soon: the butcher or you?'
당신의 탐욕 때문에 매년 도살된 50만 마리의 소가 햄버거, 백, 립스틱이 되고 있습니다. 곧 소가 멸종된다면 누가 비난 받겠습니까? 소 도축꾼입니까? 당신입니까?

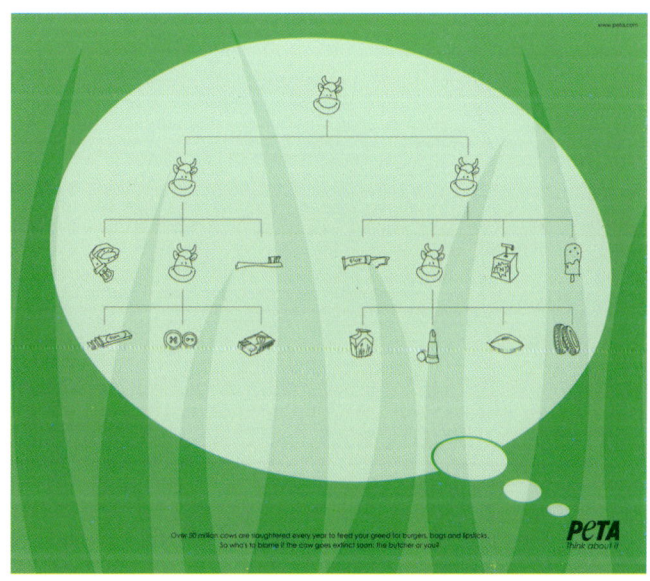

### 세 번째 광고를 만들어볼까?

이 광고를 만든 사람은 가계도에서 재미있는 아이디어를 찾았어. 그럼 이 광고에 이어질 다음 광고를 생각해볼까? 인간의 탐욕 때문에 생명을 잃는 동물은 무엇이 있을까? 그 동물을 죽여 만드는 물건은 또 무엇이 있을까? 인터넷에서 사례들을 찾아보고 가계도를 이용해 세 번째 광고를 만들어보자.

# 너희가 악당들과 싸우는 동안 엄마는 심장이 콩닥콩닥 / 알레만 병원

### 신화 없는 미국의 〈슈퍼 히어로 영화〉

영웅들의 무용담은 언제 들어도 흥미진진해. 메두사의 목을 벤 그리스 신화의 영웅 페르세우스, 실존 인물이라고 알려진 메소포타미아 수메르 왕조의 길가메시, 대한민국 서울 한복판에도 사당(동묘)을 두고 기리는 삼국지의 관우... 오랜 역사를 가진 거의 모든 나라에는 영웅이 있고 그 영웅은 지금도 한 나라의 문화와 생활 속에 살아 숨 쉬고 있지.

미국의 역사는 매우 짧은 편이야. 1620년 메이플라워호로 상징되는 영국인들의 이주로부터 시작하는 미국의 역사에는 건국 신화도, 전설 속의 영웅도 없어. 대신 슈퍼맨, 배트맨, 아메리칸 캡틴처럼 만화와 영화를 통해 태어난 슈퍼 히어로들은 그 어느 나라보다 많아. 사실 이 슈퍼 히어로들은 서부 영화에 등장하는 총잡이 영웅의 후예이기도 해. 누구보다 빨리 방아쇠를 당기는 명사수 총잡이들은 어느 날 마을에 나타나 못된 짓을 일삼는 악당을 물리치고 평화를 찾지. 미국식 총잡이 영웅은 다른 나라 영웅처럼 숭고하고 고결하지만은 않아. 거칠고 폭력적이고 가끔은 악당을 제압하기 위해 법을 어기기도 하지. 이 총잡이 영웅의 후예인 슈퍼 히어로들은 기업의 마케팅에도 자주 활용돼. 저마다 T셔츠, 모자, 학용품, 햄버거 체인점의 선물 위에서 엄마의 지갑을 열도록 우리를 재촉하곤 하지.

본래 이 미국식 영웅들은 선량한 시민들이 악당의 억압을 받거나 큰 위험에 빠지는 순간 저 멀리서 웅장한 음악과 함께 나타나지. 그 음악이 시작되면 자신도 모르게 가슴이 쿵쾅거리고 호흡이 빨라지는 것 같지 않니? 이런 미국 슈퍼 히어로의 탄생에는 저마다 배경이 있는데 함께 알아보는 것도 흥미로울 것 같아.

제2차 세계대전의 전운이 유럽을 비롯한 전 세계를 감돌던 1938년. 혼란한 세상을 바로잡아 줄 최초의 미국식 슈퍼 히어로가 탄생해. 바로 슈퍼맨Superman이야. 외계 크립톤 행성에서 과학자의 아들로 태어난 슈퍼맨은 로켓에 실려 지구에 도착해. 그리고 '스몰빌'이라는 시골 마을의 켄트 부부에게서 미국의 전통적인 가치에 따라 순박하고 건장한 청년으로 성장해. 슈퍼맨은 강철의 남자Man of Steel가 되어 놀라운 능력으로 악당을 물리치고 지구를 지키지. 윗글에서 '슈퍼맨'을 '미국'으로 바꿔 읽으면 이 슈퍼 히어로 영화가 무엇을 이야기하려는지 분명해질 거야.

1939년 세상에 처음 모습을 보인 배트맨Batman은 메트로폴리탄(거대도시)에서 태어난 억만장자 출신의 영웅이야. 브루스 웨인(배트맨)은 어린 시절 범죄자에게 부모가 살해당한 아픈 기억이 있어. 브루스 웨인은 그 기억에 시달리며 점점 도시의 악을 증오하게 되었지. 슈퍼맨과는 달리 배트맨의 상대가 메트로폴리탄의 범죄 집단이 된 배경이야. 배트맨은 금융과 산업이 발달한 1930년대 뉴욕(고담시)의 범죄자를 물리치고 치안을 책임지는 슈퍼 히어로이지. 여기서 한 가지, 악을 물리치려면(선을 행하려면) 돈이 필요하다는 사실! 배트맨은 배트모빌, 파워아머, 배트윙 등 놀라운 첨단 무기를 억만장자답게 모두 자기 돈으로 만들었어. 묘하게 배트맨에게서 돈 많은 미국이 연상되지 않니?

원더우먼Wonder Woman은 놀라운 초능력, 아름다운 미모, 여성 특유의 따뜻한 마음을 가진 아마조네스의 전사야. 남성보다 더 뛰어난 능력으로 악당을 물리치는 최초의 여성 슈퍼 히어로이지. 원더우먼은 여성의 사회 참여가 더 적극적이고 활발해지던 1940년대 초에 등장해. 영화는 그 시대와 사회를 그대로 비춰주는 거울이기도 하거든.

시간을 훌쩍 뛰어넘어 1962년 세상에 처음 선을 보인 스파이더맨Spider-man은 헐리웃의 슈퍼 히어로 가운데 가장 인간적이야. 다른 슈퍼 히어로가 거구의 체격을 가진 청년의 이미지라면 스파이더맨은 왜소하고 소심한 10대의 모습이거든. 원자폭탄, 방사능 피폭의 위험성에 대하여 세계가 경각심을 갖던 시대, 이 소심한 소년이 방사능에 노출된 거미에 물리면서 스파이더맨의 무용담은 시작되지.

슈퍼 히어로들이 신처럼 완벽하고 무결점이라면 사람들은 그토록 열광하지 않을 거야. 영웅들은 한결같이 약점이 있어. 슈퍼맨은 초록색의 크립토나이트에 노출되면 초능력을 발휘할 수 없고, 배트맨은 어린 시절 악당들의 손에 부모님이 살해당한 아픈 기억을 가지고 있어. 원더우먼은 여자라는 약점, 스파이더맨은 작은 체구에 소심하다는 매우 인간적인 약점이 있지.

이들을 진정한 슈퍼 히어로로 만든 것은 초능력이나 최첨단 장비가 아니야. 영웅들 저마다의 약점을 극복해내는 바위같이 단단한 의지와 용기야. 영화 스파이더맨에 아주 멋진 대사가 나와.

'큰 힘에는 큰 책임이 따른다.Great power always comes with great responsibility'

벤 삼촌이 피터 파커(스파이더맨)에게 해 준 이 말은 모든 영웅 스토리의 주제야. 슈퍼 히어로들은 우리에게 더 큰 힘을 갖춰서 인류와 사회를 위해 더 큰 책임을 맡으라고 말하고 있는 거야.

함께 살펴볼 광고에는 이들 슈퍼 히어로가 등장해. 영화 속에서는 어떤 악당과 싸워도 물리칠 것 같은 영웅이지만 함께 살펴볼 광고 속에서는 실망스럽게도 다리와 팔에 깁스하고 있어. 도대체 이들에게 무슨 일이 일어난 걸까?

이 광고는 아르헨티나의 수도 부에노스아이레스에 있는 알레만 병원의 광고야. 아르헨티나는 유럽 사람들이 대규모 이주하면서 발전한 나라야. 그래서 출신 국가별로 나름의 공동체 의식이 있어. 외국에 나가면 같은 나라 사람끼리 더 단결하고 친밀해지는 건 당연한 일이지 않니. 아르헨티나에는 특정 나라의 이민자를 위한 병원이 따로 있어. 알레만 병원은 독일계 병원으로 아르헨티나에 사는 독일 이민자의 후손들이 많이 이용한다고 해.

아르헨티나에는 두 종류의 병원이 있어. 하나는 아르헨티나 국민 누구나 무상으로 진료를 받을 수 있는 공공병원이고, 다른 하나는 민간 의료보험에 든 사람들이 이용하는 민간병원이야. 광고 속의 알레만 병원은 민간병원이야. 광고 오른쪽 위에는 '어린이 건강 보험 계획'이라는 카피가 있어. 보험 계획을 잘 세워서 알레만 아동병원에서 질 높은 의료 혜택을 받으라는 뜻이지.

아르헨티나의 공공의료는 수준이 매우 높고 모범적이라고 해. 높은 의료 기술과 사명감을 갖춘 의사들이 공공병원에서 환자들을 열심히 돌보고 있지. 그럼 왜 높은 보험료를 내고 민간병원을 이용하냐고? 공공병원에 많은 사람이 몰리다 보니 진료 받으려면 적지 않은 시간을

알레만 병원, 아르헨티나, 2007년
'Children's Health Insurance Plan,' 자녀들의 건강보험 계획

기다려야 하지. 감기 진료를 받기 위해서 일주일이나 기다려야 하고 또 충분히 진료 받지 못하는 경우도 생겨. 그래서 비싼 보험료를 감수하고 민간병원을 이용한다고 해.

아이들은 슈퍼 히어로 옷만 입으면 조금도 두려워 않고 높은 곳에서 몸을 날리거나 돌진하려고 하지. 실제로 병원으로 뼈에 금이 가거나 부러져 오는 아이들 가운데 적지 않은 수가 슈퍼 히어로 옷을 입고 놀다가 사고를 낸 통계가 있다고 해. 또 슈퍼 히어로 옷을 입으면 갑자기 아빠가 악당으로 보이나 봐. 돌진하는 아이와 부딪혀서 갈비뼈가 부러져 오는 아빠들도 꽤 많다고 해. 어쨌든 이 옷만 입으면 아이들은 정의감이 불타오를지 모르지만, 엄마, 아빠는 마음을 졸일 수밖에 없어.

자, 그럼 이 광고의 속뜻을 알겠니? '아이들은 언제 어떤 일로 사고를 당할지 모르니 미리 보험을 들어서 알레만 병원으로 오세요.'라는 메시지를 전달하고 있는 거야. 이런 사고는 개구쟁이 남자 친구들에게만 일어나지는 않아. 아마조네스의 여전사 원더우먼도 악당 서넛을 해치우다 팔뼈가 부러진 모양이네?

알레만 병원, 아르헨티나, 2007년
'Children's Health Insurance Plan.' 자녀들의 건강보험 계획

## 세 번째 광고를 만들어볼까?

이 광고에 이어질 세 번째 광고에는 어떤 슈퍼 히어로가 등장하면 좋을까? 슈퍼 히어로가 태어난 배경도 함께 생각해보자. 아, 참! 그 전에 슈퍼 히어로가 나오는 영화 한 편을 보는 것도 괜찮을 것 같구나.

+HA Hospital Alemán
Deutsches Hospital

# 함께 생각해볼까? / 푸르덴셜 은퇴연금 보험

### 영웅도 노후를 대비해야 하겠지?

영화 속의 슈퍼 히어로는 광고 속에서는 전혀 다른 이미지로 그려져. 놀라운 초능력을 발휘하는 슈퍼 히어로가 광고에서도 똑같다면 너무 뻔하잖아. 우리가 살펴볼 광고 속 슈퍼 히어로 역시 영화와는 전혀 다른 모습이야. 옥상 난간에 걸터앉아 담배를 피우며 쉬고 있는 배불뚝이 스파이더맨, 아름다운 미모는 온데간데없고 뒷골목 쓰레기통을 뒤지고 있는 원더우먼…… 우리가 알고 있는 모습과는 정반대로 그려진 이 슈퍼 히어로들은 어떤 말을 하려는 걸까?

이 광고들은 미국의 세계적 보험 회사 푸르덴셜의 은퇴 연금 보험 광고야. 푸르덴셜 보험의 심벌로 쓰이는, 헤라클레스의 기둥이라고도 불리는 지브롤터 바위 양옆으로 '죽지 않는 사람은 없습니다. 바로 (은퇴 후의) 계획을 세워 두세요.'라는 한 줄 카피가 독자의 고개를 끄덕이게 하고 있어.

푸르덴셜 은퇴보험, 미국, 2006년
'Nobody's immortal. Start Planning.' 죽지 않는 사람은 없습니다. 은퇴 후의 계획을 세우세요.

누구나 나이를 먹으면 은퇴하고 현직에서 떠나게 되지. 그러면 당장 수입이 없으니까 경제적으로 어려움을 겪게 되겠지. 그래서 은퇴 후에 매달 돈(연금)을 받을 수 있도록 은퇴 전에 보험을 들어 둘 필요가 있어. 광고는 스파이더맨, 원더우먼 같은 슈퍼 히어로도 현직을 은퇴하고 나면 이처럼 쓰레기통을 뒤지는 궁핍한 생활을 할지도 모르니 당장 연금 보험에 가입하라는 메시지를 경고처럼 전달하고 있어.

광고 속의 창의력은 무無에서 유有를 창조하는 게 아니야. 이미 알고 있는 지식 사이를 상상의 날개를 펴고 자유롭게 날아다니며 새로운 생각을 발견하는 거야. 아직 아무도 떠올리지 못한 새로운 생각 말이야. 창의력의 세상에서는 답이 하나만 있는 게 아니야. 하나밖에 없는 답을 맞히려고 애쓸 필요가 없지. 창의력의 세계에서는 누구의 답도 틀리지 않아. 창의력의 세상에서는 틀에 갇힌 정답이 오히려 쓸모가 없어. 혹시 틀린 답일까 걱정하는 대신 자신이 발견한 답에 자신감을 갖는 것이 중요하단다.

## 세 번째 광고를 만들어볼까?

자, 그럼 이 은퇴 연금 보험에 이어질 세 번째 광고에는 어떤 슈퍼 히어로가 어떤 상황으로 등장하면 좋을까? 슈퍼 히어로에게는 좀 안된 이야기지만 노후 준비를 못 해서 곤궁한 생활을 하는 장면을 상상해보자.

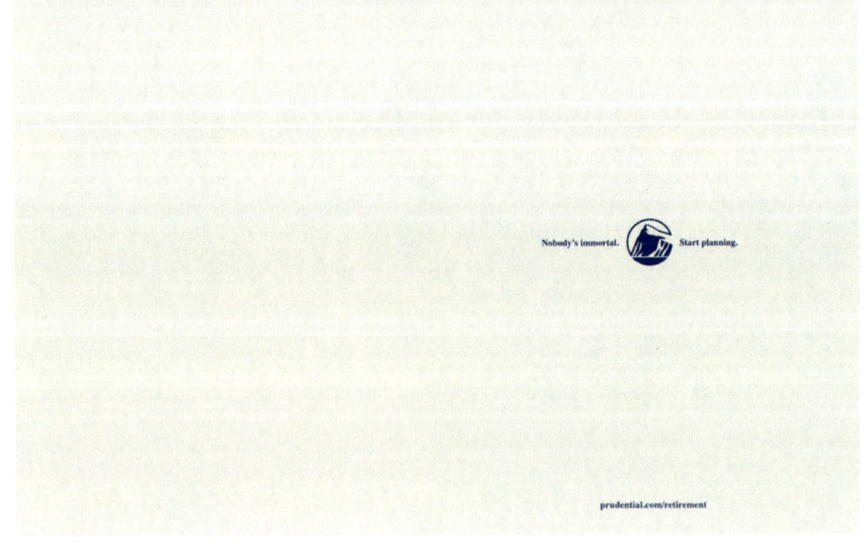

# 랜드마크, 한 도시의 기록 / 스트림라이트

### 과장, 광고가 허용하는 자유로운 상상

랜드마크Land Mark라는 말을 들어 보았니? 랜드Land와 마크Mark를 합친 말인데 한 도시를 상징하는 건축물, 구조물, 조형물을 뜻해. 일반적으로 고층빌딩, 디자인이 특이한 구조물, 역사적인 건축물 등이 도시의 랜드마크가 되지. 프랑스 파리를 상징하는 건축물로 에펠탑을 꼽을 수 있는데, 바로 이 에펠탑이 파리의 랜드마크야. 오페라하우스는 호주 시드니, 웨스트민스터 사원의 빅벤은 영국 런던의 랜드마크라고 할 수 있지.

그럼 서울의 랜드마크는 무엇일까? 남산 서울 타워에 가 본 일이 있니? 스마트폰으로 열심히 사진을 찍는 외국인들을 많이 볼 수 있을 거야. 이곳이 서울을 상징하는 랜드마크야. 물론 조선의 수도 한양의 남쪽을 지키는 숭례문도 서울의 랜드마크지. 한 도시의 랜드마크가 꼭 하나인 것은 아니거든.

뉴욕에는 유명한 건축물과 조형물이 많아. 뉴욕 전경을 360°로 볼 수 있는 엠파이어스테이트 빌딩, 허드슨강 입구 리버티 섬에 서 있는 자유의 여신상… 모두 뉴욕의 랜드마크지. 이 중 자유의 여신상은 영국으로부터 독립 100주년을 기념해서 프랑스가 미국에 준 우정의 선물이야. 이 자유의 여신은 프랑스 화가 들라크루아Eugene Delacroi가 프랑스 7월 혁명을 그린 <민중을 이끄는 자유의 여신> 속 삼색기를 든 그 여인이야. 더 거슬러 올라가면 이 여인은 로마 신화에 등장하는 자유의 여신 리베르타스Libertas지. 리베르타스는 한 손에는 권위를 상징하는 긴 지팡이를, 또 다른 손에는 자유를 의미하는 모자를 들고 있어. <민중을 이끄는 자유의 여신>을 살펴보면 자유의 여신도 이 모자를 쓰고 있어. 프리기아Phrygia라는 이름의 이 모자는 새벽을 알리는 갈리아 수탉과 함께 프랑스 혁명을 상징하지. 월드컵 경기를 보니까 환호하는 프랑스 축구팬들도 이 모자를 많이 쓰고 열정적인 응원전을 펼치고 있

외젠 들라크루아(Eugene Delacroix, 1798~1863),
민중을 이끄는 자유의 여신(Liberty Leading the People, 1830년 작)

더구나.

대서양을 건너온 자유의 여신은 프리기아 모자 대신 7개의 뿔로 이루어진 왕관을 쓰고 있는데, 이 왕관은 7개 대륙에 퍼지는 자유를 의미해. 긴 지팡이 대신 들고 있는 횃불은 어둠을 밝히는 빛을 상징하지. <자유의 여신상>은 철골로 뼈대를 만들고 그 위에 청동을 입혀 완성한 46m 높이의 조각상이야(47.5m의 기단부를 포함한 총 높이는 93.5m). 자유의 여신상 전체 디자인을 지휘한 사람은 조각가 오귀스트 바르톨디 Auguste Bartholdi지만 철골 뼈대를 설계한 사람은 건축가 구스타프 에펠 Gustave Eiffel로 바로 파리에 있는 에펠탑의 설계자이지.

뉴욕에 자유의 여신상이 세워지고 그 이듬해부터 파리에 에펠탑을 짓기 시작했어. 프랑스 정부는 프랑스 대혁명 100주년을 기념하기 위해 1889년에 파리 만국박람회를 개최하고, 프랑스의 기술력을 돋보이게 할 건축물을 공모했지. 이 공모전에서 에펠의 작품이 선정되었어.

에펠탑은 설계 단계부터 매서운 비판을 받았어. 강을 가로지르는 철교에서나 볼 수 있는 철골 구조의 탑은 너무 낯설었어. 높이 324m에 7,300t이나 되는 앙상한 철제 구조물은 언제든지 사고로 이어질 것 같았지. 철제 탑은 노트르담 성당, 파리 오페라 극장과 같이 섬세한 석제 건물들이 많은 파리에는 전혀 어울리지 않았어. 차라리 흉물스럽기까지 해서 프랑스의 지성인과 예술가들은 맹비난을 퍼부었어. 프랑스의 작가 모파상은 이 에펠탑을 '철제 사다리로 만든 비쩍 마른 피라미드'라고 비난했고 파리 시내에서 에펠탑이 안 보이는 곳을 찾다가 아예 이 탑의 맨 꼭대기로 올라갔다는 일화가 전해져.

그럼, 랜드마크를 활용한 광고를 살펴볼까? 광고 속에는 뉴욕에 있는 자유의 여신상 그림자가 있네. 그런데 그림자가 비치는 건 러쉬모어 산에 조각된 4명의 대통령 얼굴 위야. 자유의 여신상은 미국 동남부

스트림라이트 토치, 태국, 2006년

뉴욕의 랜드마크, 큰 바위 얼굴로 더 유명한 대통령 얼굴 조각은 미국 중부 사우스 다코다의 랜드마크지. 이 광고는 태국에 집행한 미국 스트림라이트사의 손전등 광고로 북미 대륙 절반을 관통할 만큼 이 손전등이 밝다고 허풍을 떨지만, 어느 누구도 과대광고라 비난하지 않아.

광고를 하나 더 볼까? 브라질에서 수도 상파울루 다음으로 큰 도시 리우데자네이루에 우뚝 서 있는 〈구원의 그리스도〉 동상은 브라질 랜드마크 중 하나야. 1931년 브라질이 포르투갈로부터 독립한 지 100주년을 기념해서 코르코바두 산꼭대기에 세운 거대한 동상(높이 38m, 두 팔 너비 28m)이지. 리우데자네이루는 호주의 시드니, 이탈리아의 나폴리와 함께 세계 3대 미항으로 꼽히는데, 코르코바두 정상에 오르면 리우데자네이루의 멋진 전경이 한눈에 들어온다고 해.

스트림라이트 토치, 태국, 2006년

　그런데 <구원의 그리스도> 그림자가 중국의 랜드마크 만리장성 성벽에 또렷하게 보이네. '아니, 브라질과 중국이 얼마나 멀리 떨어져 있는데… 허풍이 너무 심한 거 아냐?'라고 생각하는 친구는 없을 거야. 이 아이디어는 광고가 허용하는 자유로운 상상과 과장일 뿐 절대 과대광고가 아니거든. 브라질의 그리스도상 그림자가 바다 건너 만리장성 벽에 비치는 이 사진은 과학으로는 도저히 설명되지 않지만, 광고는 시치미 뚝 떼고 표현해. 이런 과장은 소비자의 합리적인 판단을 흐리거나 잘못된 선택을 유도하지 않아. 그런 점에서 과대광고와는 다르지.

## 세 번째 광고를 만들어볼까?

우리나라 도시들을 상징하는 랜드마크를 이용해 세 번째 광고를 완성한다면 어떤 소재가 좋을까? 서울 남산 타워와 수원 화성의 성벽을 이용하면 어떨까? 광주의 랜드마크인 무등산 입석대에 부산의 랜드마크 광안대교 그림자가 보이는 아이디어는 어떨까? 좋은 아이디어를 떠올렸다면 이 책 뒤에 있는 〈세계의 광고 회사가 만든 세 번째 광고〉를 펼쳐보도록!

# 함께 생각해볼까? / 페덱스

### 랜드마크로 전달하는 강력한 메시지

광고는 상징과 비유를 좋아해. 긴 설명을 하지 않고도 독자의 상상을 자극해서 더 풍부하게 소통할 수 있기 때문이지. 랜드마크가 자주 등장하는 광고가 또 있어. 바로 해외로 물건을 배송하는 국제 항공 배송회사의 광고야. 함께 생각해볼 광고는 항로와 육로를 통합해서, 주문 후 24~48시간 안에 배달이 완료되는 세계 최초의 특급 배송서비스 페덱스Fedex의 광고야. 약 650대의 항공기를 보유하고 380여 나라로 배송하는 이 세계적인 회사의 본래 이름은 페더럴 익스프레스Federal Express였어. 그러나 고객들이 편리하게 줄여서 부르는 이름 페덱스로 아예 기업 이름을 바꾸었지.

바로 아래에 있는 광고 속 그림을 보면 왼쪽은 미국 뉴욕의 〈자유의 여신상〉, 오른쪽은 브라질 리우데자네이루의 〈구원의 그리스도상〉으로 이루어져 있어. 두 개의 랜드마크가 하나로 합쳐져 있지. 그런데 국제 배송 회사와 이런 그림이 무슨 관련이 있을까? 페덱스는 뉴욕과

리우데자네이루가 마치 한 도시인 것처럼 빠르고 안전하게 운송해 준다는 뜻이지.

페덱스의 광고를 하나 더 볼까? 어때? 설명이 없어도 한눈에 메시지를 알겠지. 인도 아그라의 타지마할과 호주 시드니의 오페라 하우스를 반반 합쳐서 인도와 호주가 한 나라인 듯 빠르고 안전하게 배송한다는 뜻이지.

페덱스, 미국, 2009년

페덱스, 미국, 2009년

### 세 번째 광고를 만들어볼까?

한 도시 또는 한 국가를 상징하는 것이 랜드마크만 있을까? 전통 음식도 있고 전통 의상도 있겠지. 또 각 나라의 위인들이 모델로 등장하는 동전이나 지폐도 있을 거야. 이들 소재를 활용해서 세 번째 광고를 완성해 보면 어떨까? 먼저 흰 종이를 펼치고 아이디어를 풀어내 보자. 그리고 컴퓨터를 켜고 자료를 찾아보도록 해. 컴퓨터가 아이디어를 주지는 않지만, 아이디어를 완성하는 데는 매우 유능하거든.

# 코 앞까지 바짝 당겨보자 / 라이카 망원경

### 최초의 근대 과학자 갈릴레오와 망원경

1609년 이탈리아 베네치아 공화국의 파도바 대학에서 수학을 가르치는 교수가 있었어. 중년의 이 교수는 한 해 전 네덜란드에서 발명된 망원경을 손에 넣을 수 있었지. 이 망원경은 네덜란드의 안경 제조 기술자 한스 리퍼세이Hans Lippershey가 만들었어. 긴 경통 앞뒤에 볼록렌즈와 오목렌즈를 달아 멀리 있는 물체를 가까이 볼 수 있도록 고안했지. 배율은 고작 2~3배로 거의 장난감 수준이었다고 해. 하지만 이 교수는 얼마 지나지 않아 망원경의 배율을 10배, 20배로 높였고 천체 관측에 쓰기 시작했어. 어떻게 이런 일이 가능했냐고? 망원경의 성능은 유리 렌즈가 결정하는데, 당시 베네치아에는 유럽 최고의 유리세공기술자들이 있었어. 13세기 말 베네치아는 유리 세공기술이 외부로 나가는 것을 막기 위해 유리 장인들을 무라노 섬에 이주시켜 기술을 발전시켰지. 베네치아의 품질 좋은 유리와 뛰어난 유리 세공기술 덕분에 교수는 망원경의 성능을 빠르게 개선할 수 있었는데, 도대체 이 교수가 누구냐고? 최초의 근대 과학자로 불리는 17세기 이탈리아의 물리학자이자 천문학자, 바로 갈릴레오 갈릴레이Galileo Galilei야. 지금부터 갈릴레오와 근대 천문학의 문을 연 그의 망원경에 관해 이야기하려고 해.

갈릴레오는 망원경의 성능을 개선해 베네치아 공화국에 바쳤어. 17세기 베네치아는 지중해 너머 이슬람과 무역하며 막대한 부를 쌓았을 뿐 아니라 유럽에서 가장 발달한 과학과 문화를 자랑했어. 베네치아와 이슬람 사이의 지중해에는 언제나 전쟁과 약탈의 위협이 있었지. 갈릴레오가 바친 이 망원경은 베네치아의 군대에 매우 유용했거든. 망원경 이전에도 갈릴레오는 대포의 발사각, 복리 계산을 쉽게 해주는 컴퍼스를 만들어서 베네치아에 큰 도움을 준 일이 있었어.

직접 실험하고 관측하지 않고는 못 배기는 갈릴레오는 자신의 망원경으로 태양과 밤하늘을 살펴봤어. 아리스토텔레스의 주장대로 당시 사람들은 달의 표면이 수정처럼 매끈하다고 믿었어. 그러나 망원경으로 본 달은 지구처럼 표면이 울퉁불퉁했지. 또 목성 주변의 네 개 위성은, 우주의 중심이라 믿고 있던 지구가 아니라 목성을 중심으로 궤도를 그리며 돌고 있었어. 갈릴레오는 자신의 망원경으로 우주의 진실을 보았던 거야.

갈릴레오는 자신이 발견한 천체의 놀라운 사실들을 담아 『별들의 소식』을 펴냈어. 그리고 이 책을 메디치 가문의 토스카나 군주인 코시모 2세에게 바쳤지. 이탈리아에서는 자신의 학문적 업적을 유력한 후원자에게 바치는 일이 낯설지 않았어. 이 보답으로 갈릴레오는 코시모 2세의 수석 수학자이자 철학자가 되었고 메디치 가문의 든든한 후원을 받게 되었지. "그래도 지구는 돈다." 병들고 힘없는 70세의 갈릴레오가 종교 재판장을 나서며 중얼거렸다는 이 말이 전해지게 된 이유는 바로 이 책 『별들의 소식』으로 거슬러 올라가.

믿는 것(신앙)과 아는 것(이성)은 함께하기 어려운 개념이야. 13세기 중반 이후 로마 가톨릭은 그리스 철학자 아리스토텔레스의 철학을 받아들여 신앙과 이성의 조화를 이뤄. 즉, 신의 존재를 논리적으로 설명할 수 있게 되었어. 아리스토텔레스는 마케도니아의 왕 알렉산더의 스승으로도 유명해. 그런데 어찌 된 일인지 이 위대한 철학자는 죽은 후 1,200년이 넘도록 유럽에서 잊혀버려. 알렉산더가 원정 중 갑자기 죽고 마케도니아가 아테네로부터 쫓겨나 그리스의 변방으로 쪼그라들 때 아리스토텔레스도 추방당하듯 아테네를 등졌다는 이야기가 전해지고 있지. 아무튼 이렇게 잊힌 그리스의 철학자는 십자군 전쟁을 거치며 유럽으로 다시 돌아와.

아리스토텔레스의 저서들은 이집트 알렉산드리아에 남아 있었어. 인류의 이 놀라운 지적 자산은 알렉산드리아에서 아랍으로 건너가 이슬람의 문화를 살찌웠고, 십자군 전쟁을 통해 유럽에 역수입되어 가톨릭을 중심으로 하는 중세 유럽의 세계관이 되었지. 아리스토텔레스를 부정하는 것은 곧 중세 가톨릭교회를 부정하는 것이었어.

아리스토텔레스에 따르면 지상은 흙, 물, 불, 공기 4가지 원소로 이루어져 계속 변화하지만, 천상은 '에테르'라는 제5원소로 이루어져 영원히 변하지 않아. 이 '천상불변의 원칙'은 창조자이신 하느님은 영원토록 변하지 않는 가톨릭 교리와도 통하지. 태양과 달 그리고 수성, 금성, 화성, 목성, 토성은 '천상불변의 원칙'에 따라 지구를 중심으로 원을 그리며 돌고 있어.

아리스토텔레스의 천상불변의 원칙을 그리스의 천문학자 프톨레마이오스가 정리한 것이 '천동설'이야. '천동설'을 부정하는 것은 아리스토텔레스를 부정하는 것이고 또 가톨릭교회를 부정하는 것이지. 폴란드의 천문학자 니콜라스 코페르니쿠스Nicolaus Copernicus는 '천동설'에 의 문을 갖고 태양 중심의 '지동설'을 주장했어. 자신의 주장을 담아 『천구의 회전에 관하여』를 썼지만 이 책의 위험성을 잘 알기에 출판되는 것을 원하지 않아서, 그의 책은 그가 숨을 거두던 해가 되어서야 세상의 빛을 보았지. 그가 죽고 50년 후 '지동설'을 신봉한 수도사 조르다노 브루노Giordano Bruno는 끝까지 학문적 신념을 지키다 화형에 처해지기도 했어. 죽기 전 브루노의 혀에 커다란 대못이 박혔다는 이야기도 전해져. 끔찍하고 오싹하지?

도대체 갈릴레오는 무슨 배짱으로 아리스토텔레스와 천동설을 부정하는 내용의 책을 펴낸 걸까? 사실 당시 코페르니쿠스의 『천구의 회전에 관하여』는 내용 검열과 출판을 승인하던 로마 교황청이 출판을 금지한 책이 아니었어. 베네치아의 대학교수도 어렵지 않게 구해서 읽을 수 있는 책이었지. 갈릴레오는 실제 관측한 사실로 코페르니쿠스의 주장을 뒷받침하려 했을 뿐이야. 갈릴레오는 우주의 원리를 탐구하는 것은 창조주 하느님의 전지전능을 증명하는 것이라 믿었어. 1615년 토스카나 대공 부인에게 보낸 편지에서 "성경에 천문학과 관련한 내용이 거의 없다고 천체에 대하여 의심하고 연구하는 일을 멈추는 것은 옳지 않다."고 말하기도 했어.

갈릴레오는 『별들의 소식』을 출간하고 논문을 쓰고 강의를 하며 자신의 주장을 펼쳤어. 갈릴레오를 시기하던 많은 학자는 그를 종교회의에 부칠 것을 요구했지. 1616년 갈릴레오와 로마 교회 사이에 팽팽한 긴장이 생기자 그는 로마로 가서 교황과 추기경 그리고 수도회 소속의 과학자들을 직접 설득했어. 하지만 기대와는 달리 코페르니쿠스의 『천구의 회전에 관하여』는 출판이 금지되었고 갈릴레오 역시 이와 같은 내용을 주장하거나 가르치지 않는다는 약속을 하고 피렌체로 돌아와야 했어.

갈릴레오 갈릴레이의 망원경 유튜브 동영상
www.youtube.com/watch?v=vUDe5kLWKlo

교황청과의 약속 그리고 질책도 갈릴레오의 열정과 용기를 꺾지는 못했어. 낮에는 태양을, 밤에는 별들을 관측하는 날들은 오랫동안 이어졌지. 1632년 갈릴레오는 『프톨레마이오스와 코페르니쿠스, 두 가지 주요한 우주 체계에 대한 대화』(이하 대화)라는 책을 펴내. 이 책은 두 명의 과학자와 한 명의 신사가 저택에 모여 나흘 동안 논쟁하는 희곡 형식이야.

'천동설'을 대변하는 한 과학자는 소크라테스 이후 자리 잡은 삼단논법으로 단정 지으려 해. 반면 '지동설'을 대변하는 또 다른 과학자는 실제 관측한 내용을 들어 실증하지. 예를 들어 천동설 학자는 "신은 인간을 위해 동물과 식물을 만드셨다. 달에는 인간이 살지 않는다. 고로 인간이 살지 않는 달에는 동물과 식물도 살지 않는다."라고 삼단논법을 펼쳐. 반면 지동설 학자는 "내가 오랫동안 망원경으로 달을 관측해보니 달 주변에 한 번도 비구름이 끼는 것을 보지 못했네. 달에는 비가 오지 않으니 뭇 생명이 살 수 없다."고 실증적으로 반박하지.

갈릴레오는 매우 거만하고 냉소적인 성격이었어. 상대 논쟁자 망신 주기 일쑤였고 학문적인 오류를 보면 신랄하게 비판해서 주위에 적을 많이 만들었어. 적들은 새로 펴낸 그의 책 『대화』를 노렸어.

교황청에 갈릴레오를 종교재판에 넘겨야 한다는 청원이 빗발쳤지. 교황이 되기 전부터 친분을 쌓았던 우르바노 8세도 이제 갈릴레오를 의심했어. 결국, 1632년 늙고 병약한 갈릴레오는 로마 한복판 도미니크 수도원의 종교재판장에 섰어. 16년 전에 교회와 한 약속을 어기고 책까지 펴냈다는 이유로 일생에 있어 가장 큰 위기를 맞은 거야. 갈릴레오는 자신의 잘못을 인정하고 고문과 처형을 면했지만, 집 밖으로 한 발도 나오지 못하는 처지가 되었어. 『대화』는 1664년 금서로 지정되었고 1835년이 되어서야 금서 지정에서 풀렸어. 교황청은 350년이 지난

1986년에 갈릴레오 종교재판의 과오를 공식 인정하고 사과했지.

인류는 망원경으로 우주를 관측하고 비로소 근대 과학과 만날 수 있었어. 갈릴레오가 개량한 길이 60㎝에 20배율 망원경은 오목렌즈와 볼록렌즈 한 쌍으로 만든 굴절망원경이야. 갈릴레오가 사망한 해 태어난 아이작 뉴턴 역시 길이 15㎝에 배율이 40배나 되는 반사망원경을 개발하지. 반사망원경은 굴절망원경과 달리 렌즈 대신 거울을 사용해서 성능을 높였어. 광학 기술의 발달로 망원경 성능은 빠르게 발전했고 인류의 시선은 더 먼 우주와 미래에 닿을 수 있게 되었지.

우리가 살펴볼 광고는 독일의 광학기술을 상징하는 라이카Leica의 쌍안경 광고야. 망원경 두 개를 나란히 붙인, 배율 낮은 초기의 쌍안경은 오페라 공연을 보는 데 먼저 사용되었어. 광학기술이 발달하면서 쌍안경은 배율이 높아지고 관측범위가 넓어졌지. 현재 쌍안경은 천체관측보다는 사냥, 전투, 스포츠에 더 많이 쓰여. 라이카는 '꿈의 카메라'로

라이카 망원경, 스위스, 2005년
'Get close. With the Ultravid from Leica.' 라이카 울트라비드 망원경으로 더 가까워지세요.

불릴 만큼 세계적인 카메라 브랜드야. 하지만 본격적으로 카메라를 만들기 전에는 망원경 제조사로 더 명성을 얻었어. 지금도 라이카의 망원경은 세계인의 사랑을 받고 있지.

다음 광고는 한눈에 봐도 그 속뜻을 잘 알 수 있겠지? 코앞으로 당겨 본다는 표현으로 탐험가와 북극곰 사이를 아코디언처럼 접었어. 그럼 다른 표현은 어떤 것이 있을까? 탐험가와 북극곰 사이를 날카롭게 찢어내면 어떨까? 지우개로 지우면 또 어떤 느낌일까? 그런데 이 광고는 신문이나 잡지 광고가 아니라 길 위에 서 있는 간판 광고야. 길을 걷다 이런 광고를 만나면 사람들은 어떤 반응을 보일까?

광고가 전혀 있을 것 같지 않은 곳에 광고가 이렇게 있다고 생각해 봐. 그냥 지나치기보다 가던 길을 멈추고 더 흥미롭게 볼 것 같지 않니?

라이카 망원경, 스위스, 2005년
'Get close. With the Ultravid from Leica.' 라이카 울트라비드 망원경으로 더 가까워지세요.

## 세 번째 광고를 만들어볼까?

집 밖에 설치된 광고를 옥외광고(OOH; Out Of Home)라고 해. OOH 광고에는 버스 내·외부 광고, 버스 정류장 광고, 지하철 광고, 빌딩 옥상 광고, 마트 엘리베이터에 설치된 광고 등 아주 아주 다양해. 자 그럼 이 광고들에 이어질 세 번째 광고를 만들어보자. 꼭 동물이 아니어도 괜찮을 것 같지 않니? 스포츠의 한 장면, 누군가의 민망한 실수 한 장면… 생각해보면 재미있는 상황이 많을 것 같아.

# 함께 생각해볼까? / 미라클 플라이트

### 치료를 돕는 특별한 방법

'미라클 플라이트Miracle Flights', 기적의 비행이라는 이 멋진 이름의 단체는 희소병을 앓는 미국의 가난한 집 아이들의 치료를 돕는 비영리 단체야. 그런데 왜 '비행'이냐고? 미국도 대도시가 아니면 이런 희소병을 치료할 수 있는 의료진과 시설이 부족해. 적절한 치료를 받으려면 비행기를 타고 먼 거리를 이동해야 하는데 미라클 플라이트가 이 비용을 대 주고 치료받도록 지원하고 있어.

미국 희소병 재단에 따르면 미국의 환자 10명 중 1명이 희소병을 앓고 있으며 이 중 절반이 어린아이래. 이 아이들은 5살이 되기 전에 목숨을 잃을 가능성이 높은데 적절한 치료를 받으면 아무 문제없이 성인으로 자랄 수 있다는구나. 그래서 미라클 플라이트가 오른쪽과 같은 광고로 자신들의 활동을 알리고 기부자들의 도움을 요청해. '우리는 거리의 문제를 해결합니다.'라는 카피의 이 광고가 전달하려는 뜻을 이해할 수 있겠니?

미라클 플라이트, 미국, 2016년
'We have a cure for distance. Our mission is to fly children to the distance specialized medical care they need. We're celebrating our 100,000 flight.'
우리는 거리의 문제를 해결합니다. 우리의 사명은 아이들이 전문적인 치료를 받을 수 있도록 비행기로 옮기는 것입니다. 우리는 10만 번의 비행을 달성했습니다.

지도를 접고 일회용 밴드로 붙여서 병원과의 거리를 줄이는 표현은 미라클 플라이트를 정말 따뜻하고 재미있게 소개해. 미국은 워낙 큰 나라여서 비행기가 아니면 이동할 수 없는 환자들도 많겠지. 우리나라와는 조금 다르지만 우리 곁에도 기적을 기다리는 많은 희소병 환자가 있어.

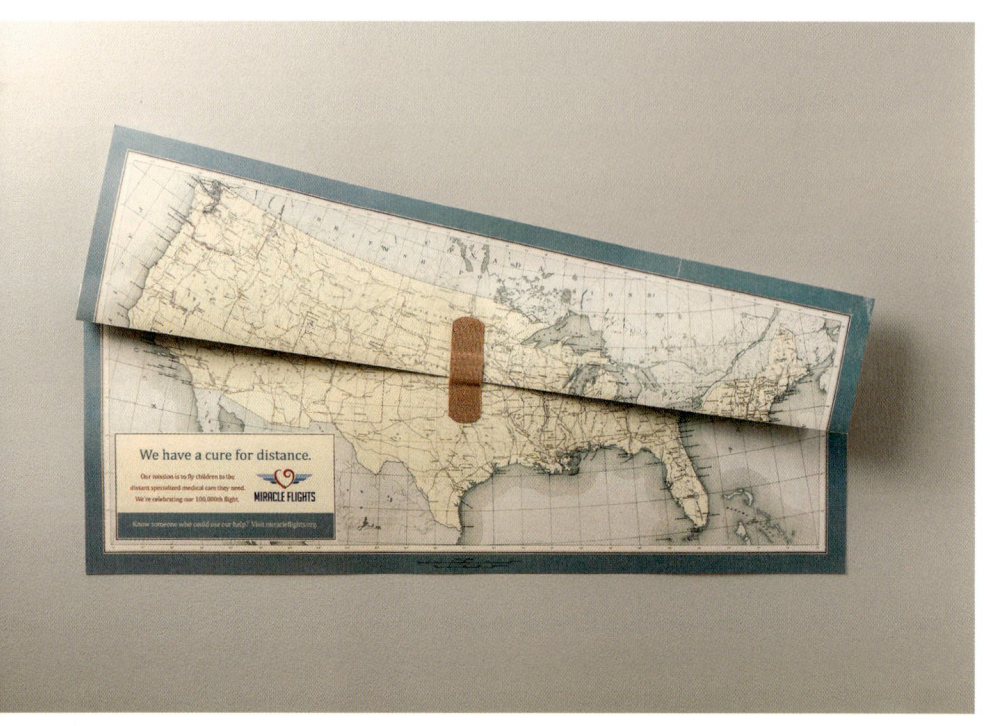

미라클 플라이트, 미국, 2016년
'We have a cure for distance. Our mission is to fly children to the distance specialized medical care they need. We're celebrating our 100,000 flight.'
우리는 거리의 문제를 해결합니다. 우리의 사명은 아이들이 전문적인 치료를 받을 수 있도록 비행기로 옮기는 것입니다. 우리는 10만 번의 비행을 달성했습니다.

미라클 플라이트의 광고를 하나 더 볼까? 이번에는 미국 지도를 가로로 접고 일회용 밴드를 붙여서 거리를 줄였네.

### 세 번째 광고를 만들어볼까?

그럼 새로운 아이디어로 미라클 플라이트의 세 번째 광고를 완성해 볼까? 일회용 밴드 말고 광고에 활용할 다른 의료품은 무엇이 있을까? 먼저 집에 있는 구급약통을 열어볼까?

## 자연의 친구들을 위해 플러그를 뽑아주세요 / 프로페덤

기온이 오르면 지구 곳곳 숨어 있던 위험도 드러나거든

왜 이산화탄소$CO_2$를 지구온난화의 주범이라고 할까? 1997년 교토의정서에서는 이산화탄소, 메탄$CH_4$, 아산화질소$N_2O$, 수소불화탄소$HFCs$, 과불화탄소$PFCs$, 육불화황$SF$을 온실가스로 규정했는데, 이 중 이산화탄소가 온실가스의 80%를 차지하기 때문이지. 이산화탄소는 주로 석유, 석탄, 천연가스 같은 화석연료를 태울 때 공기 중으로 뿜어져 나와. 자동차, 비행기, 선박에서도 나오지만 더 심각한 것은 화력발전소에서 나오는 이산화탄소야. 미국에서 사용하는 전기의 50%를 화력발전소에서 만들어. 중국은 79%, 독일은 45%, 우리나라도 40%나 화력발전에 의지하고 있어. 세계 모든 나라의 사정이 이러니까 지구온난화가 얼마나 심각한지 또 심각해질지 상상할 수 있을 거야.

태양 에너지가 지구에 도달할 때 에너지의 30~34%는 구름, 먼지 등에 반사되고 약 44~50%만 지표면에 도달해. 육지와 바다는 지표면에 도달한 태양 에너지를 흡수했다가 다시 대기 밖으로 내보내는데, 이

에너지를 대기 중의 온실가스가 흡수하거나 다시 지표면으로 되돌려 보내서 지구의 온도가 올라가는 현상을 지구온난화라고 해.

'지구온난화' 하면 극지방의 얼음이 먼저 떠오르지? 북극의 얼음은 그 두께가 10m를 넘지 않아. 여름에 녹았다가 겨울에 다시 얼기를 반복하지. 그런데 위성에서 보내온 북극의 여름 사진을 보면 얼음 면적이 급격히 줄어들고 있어. 북극의 얼음이 점점 얇아져서 여름에 쉽게 녹기 때문이야. 북극 얼음 중 오래전 형성된 두꺼운 얼음은 10%에 불과하고 나머지는 생긴 지 2년도 안 된 얇은 얼음이라고 해. 얼음은 태양 에너지를 90% 이상 반사하지만 짙은 색깔의 바닷물은 태양열을 흡수하지. 얇은 얼음은 쉽게 바다에 녹고 더 넓어진 바다는 더 많은 태양열을 흡수해서 얼음을 더 빠르게 녹게 하는 악순환이 거듭되는 거야. 결국, 매년 서울의 90배나 되는 얼음이 사라져서 북극곰, 북극여우와 같은 자연의 친구들은 살 곳을 잃고 개체 수가 급격히 줄어들지.

해수면이 높아지는 것은 북극의 얼음 때문이 아니야. 바다에 떠 있는 얼음 덩어리가 녹는다고 바로 해수면이 높아지는 것은 아니거든. 해수면이 높아지는 직접 원인은 대륙빙이라고 하는 육지의 얼음이 녹기 때문이야. 두께 700m의 북극 그린란드 얼음은 육지 위에 얼어 있는데 이 얼음이 바다로 녹아 들어오면서 해수면을 높여. 그린란드의 얼음이 모두 녹으면 해수면이 7m나 올라갈 거라고 해.

사람들은 남극(연평균 영하 55℃)이 북극(연평균 영하 35~40℃)보다 훨씬 추워서 지구온난화에 안전지대인 줄 알았어. 그런데 남극도 안심할 수 없는 상태가 되었어. 평균 두께가 2,160m나 되는 얼음 덩어리가 바다로 녹아들고 있기 때문이야. 북극 그린란드 대륙빙의 무려 11배나 되는 남극의 대륙빙이 모두 녹으면 지구 해수면은 45~60m나 올라간다고 해. 이미 태평양의 조그만 섬나라 투발로는 곧 바다 아래로 사라질 위기에 처해 있어. 투발로는 해수면 상승의 위기를 전 세계에 경고하고 있지.

지구의 온도가 올라가서 생기는 위협은 이뿐만이 아니야. 시베리아의 툰드라에 감추어진 100억 톤의 탄소와 메탄가스도 매우 심각해. 메탄가스는 가축의 방귀, 분뇨와 쓰레기 썩을 때 주로 나오는데 이산화탄소보다 약 26배나 더 위험한 온실가스야. 지구의 온도가 올라가면 시베리아의 얼어붙은 땅도 극지방과 마찬가지로 녹아. 이때 수천 년 동안 얼어 있던 이끼, 지의류(곰팡이와 녹조식물, 남조식물의 공생체), 나무, 풀이 따뜻한 공기를 만나 썩으면서 온실가스를 방출하지. 또 얼어붙은 땅은 질척거리는 습지로 바뀌고 고약한 악취와 메탄가스를 내뿜어. 그뿐만 아니라 툰드라에는 인류가 한 번도 보지 못한 재앙적 바이러스와 박테리아도 얼어 있어서 그 위험성을 예측할 수 없지. 온도가 올라가면 이렇게 지구 곳곳에 숨어 있던 위험이 드러나면서 모든 생명체가 위협받게 돼.

함께 살펴볼 광고는 프로페덤Thermax PROFETHERM이라는 인도 회사의 기업 광고야. 프로페덤은 공장과 설비의 열 손실을 줄이고 또 열 효율을 높여서 자원 낭비를 줄이는 기술이 있어. 열 손실을 줄이고 열 효율을 높이는 것은 그만큼 화석연료를 덜 태워서 지구 환경을 보호한다는 뜻이야. 프로페덤은 지구 환경 보호 광고로 공공의 이익에 부합하는 자신의 기업 철학과 기술을 알리고 있어.

이 회사의 광고는 전선과 플러그의 단순한 비주얼과 '위험에 처한 동물들을 구해주세요. 플러그를 뽑아주세요.'라는 쉽고 간단한 카피로 구성되어 있어. 하지만 메시지는 매우 확실하지. 전선과 플러그처럼 주변에서 흔하게 볼 수 있는 물건도 새로운 눈으로 바라보면 이렇게 놀라운 발견으로 이어지곤 해. 창의성이란 오래된 것, 익히 알고 있는 것들을 새롭게 결합하는 데 있거든.

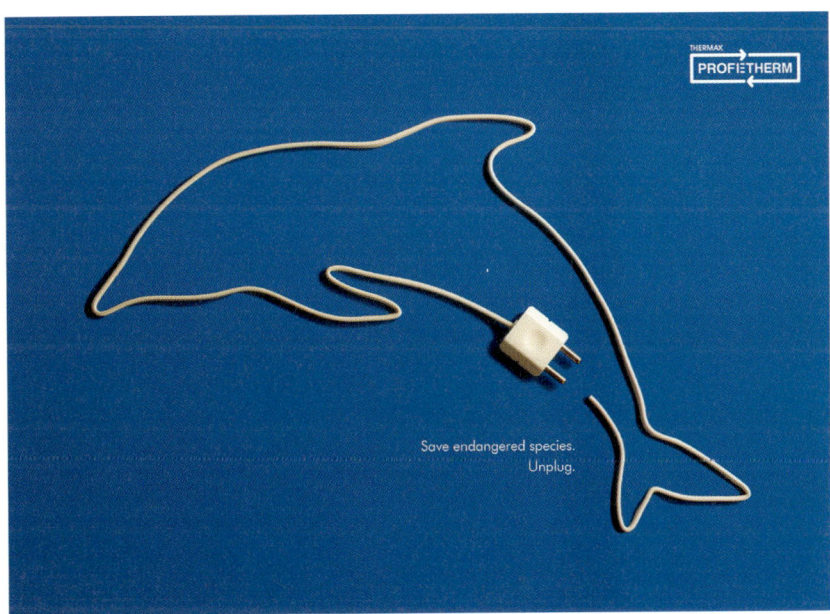

프로페덤, 인도, 2014년, 'Save endangered species, Unplug.'
위험에 빠진 자연의 친구들을 구해주세요. 플러그를 뽑아주세요.

바다는 숲, 땅보다 더 큰 온실가스 저장능력을 갖추고 있어. 하지만 이산화탄소를 너무 많이 배출하면 바다의 저장능력은 곧 포화상태에 이르지. 이산화탄소를 잔뜩 흡수한 바다는 산성화되는데 이 때문에 해양 생태계와 먹이 사슬은 큰 위험에 처하게 돼. 열대우림에 많은 생명이 의지해 살듯이 바다의 숲인 산호초에도 많은 해조류, 플랑크톤, 물고기들이 모여 광합성을 하고 양분과 산소를 만들어. 이산화탄소가 바닷물에 녹을 때 발생하는 탄산은 부식성이 있어서 산호초를 하얗게 말라 죽게 해. 연구에 따르면 2050년쯤이면 열대와 아열대의 아름다운 산호초가 모두 사라질지도 모른대. 산성화된 바다에는 산소가 부족한데 이 때문에 숨을 쉴 수 없는 고래나 돌고래가 해안에서 떼죽음한 채 발견되기도 하지.

## 세 번째 광고를 만들어볼까?

북극곰, 돌고래 외에 지구온난화로 위협받는 자연의 친구는 또 누가 있을까? 앞서 설명한 산호초도 있고, 북극여우나 바다코끼리, 남극의 황제펭귄도 있어. 자, 그럼 플러그와 전선을 이용해서 세 번째 광고를 만들어볼까?

## 함께 생각해볼까? / 세계자연기금 핀란드 본부

### 지구 온난화, 당신이 멈출 수 있습니다

'기후 변화에 관한 정부 간 협의체'는 2100년까지 지구의 평균 기온이 산업화 시대(1861~1880) 이전보다 1.5℃~2.5℃ 오르면 생물의 약 20~30%가 멸종될 수 있다고 경고하고 있어. 그래서 2015년 세계 195개국 대표가 파리에 모여 지구의 평균 온도 상승을 2℃ 이하로 유지하고, 될 수 있으면 1.5℃를 넘지 않도록 함께 노력하자고 약속했어. 바로 '파리기후변화협정'이야.

현재 지구가 배출하는 이산화탄소의 약 87%를 중국, 미국, 인도 등 10개 나라가 차지하고 있어. 당연히 이들 나라가 더 큰 책임을 져야 하겠지. 우리나라도 2030년까지 37%의 온실가스 감축을 목표로 파리 기후변화 협정에 동참하고 있어.

우리가 함께 살펴볼 광고는 세계자연기금 WWF 핀란드 본부의 광고야. 살 곳을 잃고 노숙자가 된 북극곰이 어느 뒷골목 벽에 기대앉아 있어. 이 광고는 '당신은 도울 수 있습니다. 지구 온난화를 멈춰주세요.'라는 카피로 도움을 호소하고 있어.

'기후변화 때문에 동물들이 서식지를 잃어가고 있습니다. 화석연료와 전기를 함께 쓰는 자동차(하이브리드 자동차)나 연비가 높은 자동차를 이용한다면 이런 일을 막을 수 있습니다. 지금 당장 행동해 주세요.' 아래의 그림에서는 작은 글자로 표시되어 있어 잘 보이지 않지만, 이 광고의 카피는 살 곳을 잃어가고 있는 야생의 친구들을 어떻게 도와야 할지 친절하게 설명하고 있어.

세계자연기금 WWF 핀란드 본부, 핀란드, 2007년
Animals around the world are losing habitats due to climate change. By choosing a hybrid or fuel efficient car, you can help prevent this. Take action right now.
기후변화 때문에 동물들이 서식지를 잃어가고 있습니다. 화석연료와 전기를 함께 쓰는 자동차(하이브리드 자동차)나 연비가 높은 자동차를 이용한다면 이런 일을 막을 수 있습니다. 지금 당장 행동해 주세요.
'You can help. Stop global warming.' 당신은 도울 수 있습니다. 지구온난화를 멈춰주세요.

광고 속 엄마 펭귄과 아기 펭귄이 기름통 위로 활활 타오르는 불길을 보고 있네. 지구 온난화로 살 곳이 사라지는 것은 북극과 남극이 다르지 않아. 펭귄 가족은 저 불길을 타고 올라간 온실가스가 살 곳을 앗아갔다는 사실을 알까? 광고 아래에는 '기후변화 때문에 동물들이 살 곳을 잃어가고 있습니다. 유리, 플라스틱, 판지와 종이를 재활용한다면 이런 일이 일어나지 않도록 막을 수 있습니다. 지금 당장 행동해 주세요.'라는 카피로 행동을 촉구하고 있어.

Animals around the world are losing habitats due to climate change. By recycling glass, plastic, cardboard and paper, you can help prevent this. Take action right now.
기후변화 때문에 동물들이 서식지를 잃어가고 있습니다. 유리, 플라스틱, 판지와 종이를 재활용한다면 이런 일이 일어나지 않도록 막을 수 있습니다. 지금 당장 행동해 주세요.
'You can help. Stop global warming.' 당신은 도울 수 있습니다. 지구온난화를 멈춰주세요.

## 세 번째 광고를 만들어볼까?

그럼 이 광고에 이어질 세 번째 광고에는 어떤 야생의 친구들이 등장하면 좋을까? 산소가 부족한 돌고래가 산소 호흡기를 쓰고 있으면 어떨까? 살 곳을 잃은 바다표범이 구호 물품을 받아 들고 있으면 또 어떨까? 지구 온난화를 막기 위해서 우리가 당장 행동으로 옮겨야 할 일들도 비주얼 아래 카피로 구성해서 광고를 완성해 보자.

# 길바닥은 울퉁불퉁 바퀴는 투덜투덜 / 미쉐린

### 바퀴의 발명만큼 위대한 공기 타이어의 발명

대학교를 졸업하고 처음 입사한 직장에 '이벡스Evex'라는 프로모션 본부가 있었어. 규모가 꽤 큰 이벤트를 여러 번 성공시켜서 업계에서 유명했지. 입사하고 얼마 안 있어 이 프로모션 본부는 <진시황 전>이라는 기획 전시를 했어. 중국 서안에서 발굴된 2,300년 전 진시황릉 부장품 가운데 105점을 선보이는 전시였어. 전시에는 여러 가지 광고와 홍보 제작물이 필요한데 이 때문에 광고 본부에 있던 나도 참여하게 되었지.

이 글을 쓰기 전에 문득 한 장의 사진이 떠올라서 <진시황 전> 도록을 펼쳐보았어. 도록에는 말 두 필이 끄는 목제 전차, 마부 한 사람이 말 네 필을 몰고 있는 박스형 청동 수레 그리고 말 네 필이 끄는, 커다란 우산을 편 청동 수레 사진이 있었어. 무덤 속에는 진시황의 위엄을 보이려는 행렬을 재현해 놓았어. 진흙으로 빚은 8,000여 점의 군사들과 목제와 청동의 마차가 진시황을 호위하고 있었지. 도록 속의 수레는 3가지 종류이지만 바퀴 종류는 1가지였어. 30개의 바큇살이 일정한 간격을 유지하고 있어 매우 견고하고 기동성이 뛰어나 보여. 사람들은 언제부터 이처럼 세련된 형태의 바퀴를 사용했을까?

인류가 처음 수레를 사용했다는 사실은 3,500년 전의 수메르 문자(쐐기문자, 설형문자)를 해독하는 과정에서 밝혀졌다고 해. 인류가 발명한 최초의 바퀴는 둥근 통나무를 일정 두께로 베어낸, 그야말로 통나무 바퀴였어. 하지만 더 보편적으로 사용한 바퀴는 나무 널빤지 여러 개를 둥글게 붙이고 쇠나 아교로 고정한 형태라고 해. 바큇살로 바퀴를 만든 것은 기원전 2,000년 무렵이야. 바큇살 바퀴를 만드는 데는 전문 기술을 가진 장인이 필요했다고 해. 바큇살로 바퀴를 만들면 바퀴의 무게를 줄일 수 있고 또 크기를 키울 수 있어. 당연히 전쟁터를 누비기도 쉬웠을 테지. 모든 바퀴가 마차나 수레에 쓰인 것은 아니었어. 고대 그리스 사람들은 펠로폰네소스 반도를 멀리 돌아 지중해로 나가는 먼 바닷길 대신 폭 6~8.4km의 고린토 지역에 지금의 철로와 같은 폭 1.6m의 궤도를 만들었어. 그리고 궤도에 바퀴를 놓고 커다란 배를 올려 지중해로 바로 빠져나가도록 했지. 모든 문명이 바퀴를 이용하지는 않았어. 고대 이집트에서는 수레를 이용한 흔적이 발견되지 않아. 남미의 마야, 아즈텍, 올메크 문명에서도 바퀴의 흔적은 보이지 않는다고 해. 왜일까? 모레나 산악 지대에서는 바퀴가 효율적이지 않기 때문이지.

'모든 길은 로마로 통한다.'는 말을 들어 본 일이 있지? 로마는 속주의 자치권을 인정해서 로마군을 속주에 주둔시키지 않았어. 대신 속주가 침략받으면 즉각 로마가 자랑하는 보병 군단을 진격시켰지. 로마의 도로 기술자들은 군사와 보급품을 실은 마차가 빠르게 진격할 수 있도록 평평한 돌로 길을 냈어. 로마는 거대한 영토를 잇는 85,000km의 군사 도로로 그들의 제국을 완성한 거야. 어떤 도로는 4m의 마차 도로와 양옆 3m의 인도까지 전체 폭 10m에 두께가 1m나 돼서 산업화 전까지 옛 이름 그대로 불리며 유럽의 주요 교통로로 사용했지.

바퀴의 발전은 오랜 시간 멈춰 있는 듯 보였어. 돌이 많고 잘 패이고 걸핏하면 진흙탕이 되는 도로가 바퀴의 발전을 막고 있었던 거야. 물론 도시에 도로가 잘 닦여 있었더라도 말이 끄는 수레는 시간이 지날수록 거리의 천덕꾸러기가 되었을 거야. 마차를 끄는 말이 아무렇게나 길에 배설하는 똥은 아주 골치였어. 머지않은 미래에 3m나 되는 말똥이 런던 거리를 덮을 것이라는 걱정이 1890년대 런던 시민 사이에 있었다고 해. 아무튼, 울퉁불퉁한 도로와 덜컹거리는 바퀴 사이에는 오래도록 불화가 있었어. 이 불화를 해결해준 건 천연고무와 유황을 섞어 만든 가황고무였어. 고무는 원래 열대에서 자라는 고무나무의 유액이야. 날씨가 추우면 굳어서 부서지고, 너무 더우면 녹아서 끈적거리는 성질이 있어. 고무를 산업적으로 잘 활용하려면 조금 더 다른 가공이 필요했지.

1843년 미국 코네티컷의 발명가 찰스 굿이어Charles Goodyear는 날씨의 변화에도 끄떡없는 고무를 만들기 위해 여러 가지 실험을 했어. 굿이어는 우연히 고무에 유황을 넣었는데 열을 가해도 변하지 않는 고무를 얻을 수 있었어.

1888년 스코틀랜드의 수의사 존 보이드 던롭John Boyd Dunlop은 충격을 더욱 잘 흡수하도록 고무주머니에 공기를 넣은 다음 끈적끈적한 고무액으로 바퀴에 붙이는 방법을 고안했어. 마침내 어떤 길이라도 달릴 수 있는 공기 주입식 고무바퀴가 세상에 모습을 드러냈지. 던롭의 획기적인 발명품과 함께 바야흐로 자전거 시대가 활짝 열렸어.

1889년 에두아르 미쉐린Edouard Michelin(프랑스 발음은 미슐렝)은 할아버지가 물려준 고무 공장을 운영하고 있었는데 어느 날 우연히 구멍

난 타이어 수리를 맡게 되었어. 그런데 이 작업은 간단치 않았어. 구멍을 때우는 데 2시간, 고무액을 발라 바퀴에 붙이는 데 2시간 모두 4시간이나 걸렸거든. 이 일이 있고 난 뒤 에두아르 미쉐린은 형 앙드레 미쉐린과 함께 갈아 끼우기 쉬운 공기 타이어를 개발하기 시작했어. 마침내 1891년 최초의 탈부착식 공기 타이어를 세상에 선을 보였어. 바퀴의 역사상 가장 빛나는 업적을 미쉐린 형제가 이루었지.

지금까지 설명에 등장하는 굿이어, 던롭, 미쉐린은 모두 세계적인 타이어 브랜드가 되었어. 이 중 미쉐린은 제품의 품질뿐 아니라 마케팅에서도 놀라운 아이디어를 선보이며 성장했지. 1891년 최초의 탈부착식 자전거 타이어를 개발했을 때 앙드레는 이 획기적인 제품을 어떻게 소비자에게 알려야 할지 고민했어.

앙드레는 당시 가장 유명한 자전거 경주 선수 샤를 테롱과 타이어 사용 계약을 맺었어. 샤를은 미쉐린의 탈부착식 타이어를 낀 자전거를 타고 다른 선수들을 무려 8시간이나 앞서 결승점을 통과했지. 샤를의 놀라운 승리와 함께 미쉐린의 탈부착식 타이어는 소비자들의 머리에 잊히지 않는 기억을 남겼어. 미쉐린은 오늘날의 아주 세련된 스포츠 마케팅을 유감없이 펼쳤던 거야.

혹시 타이어 가게 앞을 지나다 간판이나 배너에 그려진 커다란 타이어 인형을 본 일이 있니? 미쉐린을 상징하는 비벤덤Bibendum이라는 이름의 인형 캐릭터야. 본래 비벤덤은 다양한 크기의 타이어가 쌓여있던 타이어 더미에서 착안했는데 화가의 손을 거쳐 지금의 모습으로 완성되었어. 1894년 처음 대중 앞에 선보인 비벤덤은 마케팅 역사상 가장 뛰어난 캐릭터이며 심벌이야. 처음 비벤덤은 폭이 얇은 자전거 바퀴로 만들어졌어. 미쉐린의 역사는 자전거 바퀴와 함께 시작했기 때문이지. 비벤덤을 앞세운 미쉐린은 자동차 시대가 본격적으로 개막되며 세계적인 자동차 타이어 브랜드로 성장했어.

그럼, 미쉐린 광고를 함께 살펴볼까? 콜롬비아, 볼리비아, 브라질, 미국 아이오와주의 알버트시가 하이웨이로 복잡하게 연결된 이 상상 속의 지도는 무슨 뜻일까? 자동차에서 타이어는 도로와 유일하게 닿는 부분으로 승차감과 안전성에 중요한 영향을 미치지. 타이어가 지면과 닿아 구르지 않으면 자동차는 어느 곳에도 갈 수 없어. 광고는 미쉐린

미쉐린, 프랑스, 2014년
'We make maps so that you can look elsewhere.' 당신이 다른 곳에서나 볼 수 있는 지도를 만듭니다.

이라면 하이웨이를 달려 세상에 없을 이곳에서도 아주 편안하고 안전한 드라이빙을 즐길 수 있다는 뜻이지. 하지만 사실 한 번 더 생각해봐. 세상에 없는 길도 가는데 세상에 있는 어느 길인들 못 달리겠냐는 자신감 넘치는 주장 아니겠니? 물론 다른 타이어라면 꿈도 꿀 수 없다는 뜻도 담고 있고 말이지.

노르웨이와 러시아 사이 바렌츠 바다, 인도네시아와 말레이시아 근처 쎌레베스 바다가 모자이크처럼 한 지도에 뒤섞인 이 지도는 무얼까? 미쉐린 타이어라면 세상의 모든 길을 달려 광고 속의 지도처럼 세상에 없는 곳(뒤집어 해석하면 세상에 못 갈 곳은 없다)에서도 안전하고 편안한 드라이빙을 경험할 수 있다는 뜻이겠지.

미쉐린, 프랑스, 2014년
'We make maps so that you can look elsewhere.' 당신이 다른 곳에서나 볼 수 있는 지도를 만듭니다.

### 세 번째 광고를 만들어볼까?

미쉐린의 〈We make maps so that you can look elsewhere 당신이 다른 곳에서나 볼 수 있는 지도를 만듭니다.〉 캠페인의 세 번째 광고에는 어떤 '세상에 없는 지도'가 등장하면 좋을까? 세계의 지붕이라 불리는 중앙아시아 파미르고원과 티베트고원, 히말라야산맥이 서로 연결된 지도는 어떨까?

**GOODYEAR**

## 함께 생각해볼까? / 굿이어 타이어

### 땅을 움켜잡는 제동력은 어떻게 표현할까?

미쉐린은 구멍 난 자전거 타이어 고치는 과정을 세심하게 '관찰'했고, 4시간이 걸려야 하는 이 번거로운 작업을 쉽고 단순하게 바꾸면 좋겠다는 '문제의 발견'에 이르게 되었어. 그리고 연구와 시험을 통해서 탈부착식 타이어라는 '문제의 해결'에 도달할 수 있었지. 해결 방법을 생각해내는 것보다 중요한 것은 문제를 발견하고 문제를 정의하는 것이야. '나에게 지구를 구할 수 있는 1시간이 주어진다면 나는 59분은 문제를 정의하는 데 사용할 것이고, 1분을 문제를 해결하는 데 사용할 것이다.'라고 아인슈타인은 말했다고 해. 창의력에서 무엇보다 중요한 것은 '관찰하고 문제를 발견'하는 것이야.

성공한 창업가 미쉐린과 같은 인물이 있는가 하면 이와 반대의 인물도 있지. 가황 타이어를 최초로 발명한 찰스 굿이어는 자신의 이름이 들어간 기업의 창업주가 되기는커녕 자기 아이디어를 훔쳐간 사람들과 생애 내내 특허권 소송을 벌였고 많은 재산을 가족에게 남기지도 못했

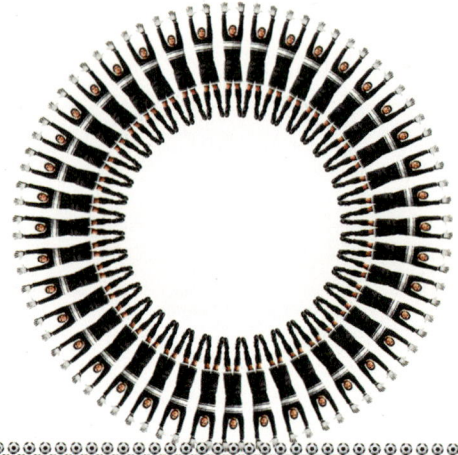

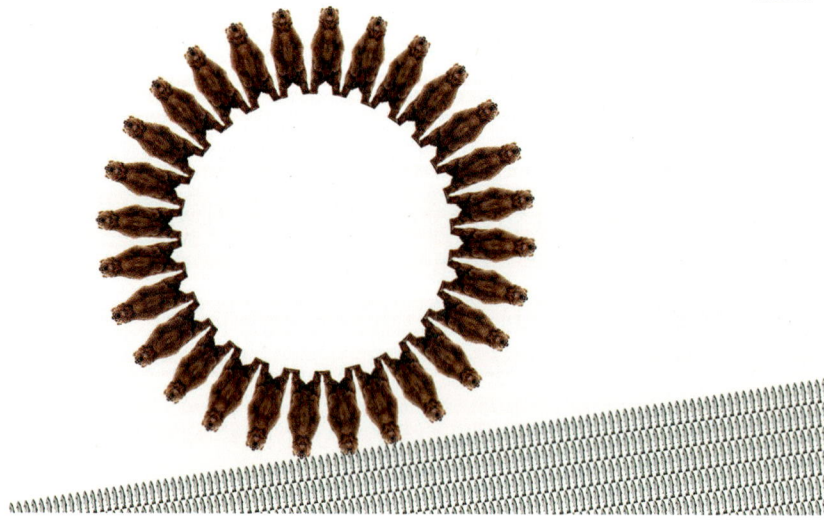

굿이어 타이어, 브라질, 2012년

어. 미쉐린과 쌍벽을 이루는 굿이어(정식 이름은 굿이어 앤드 러버)라는 타이어 브랜드는 찰스 굿이어를 기념하기 위해 다른 사람이 그의 이름을 빌려 썼을 뿐이야.

　우리가 살펴볼 광고는 특유의 제동력을 강조하는 굿이어 타이어 광고야. 공을 놓치지 않는 골키퍼, 연어를 놓칠 리 없는 곰. 굿이어 타이어는 길바닥을 움켜잡듯 멈춰 선다는 메시지를 아주 재미있고 설득력 있게 전달하고 있어.

## 세 번째 광고를 만들어볼까?

그럼 이어질 세 번째 광고를 생각해볼까? 절대 놓칠 수 없는 상황을 좀 유머러스하게 생각해보도록 하자. 축구 대신 다른 스포츠를 소재로 하면 어떨까? 곰 대신 밀림 속 원숭이가 절대 놓치지 않는 것은 무엇이 있을까?

**welti-furrer**

# 진주 귀걸이 소녀를 일등석으로 모십니다 / 웰터퓨러

### 광고에는 왜 명화가 자주 등장할까

혹시 왼쪽 그림 속의 소녀를 알고 있니? 네덜란드 화가 요하네스 베르메르Johannes Vermeer(1632~1675)가 1665년경 그린 〈진주 귀걸이를 한 소녀〉야. 그림 속 소녀는 머리에는 파란 터번을 두르고 긴 노란 천을 등 뒤로 내려뜨린 채 귀에는 커다란 진주 귀걸이를 하고 있어. 놀란 듯 동그랗게 뜬 큰 눈에 몸을 약간 뒤틀어 고개를 돌린 채 입을 살짝 벌리고 있어. '저기요...' 하며 뭔가 말하려는 것 같지 않니? 검은 배경과 소녀의 얼굴 옆으로 들어오는 빛이 묘한 대비를 이뤄서 그림 속 소녀가 더 신비롭게 보이는 것 같아. 이 소녀의 신비한 분위기가 레오나르도 다빈치의 모나리자와 닮았다고 해서 이 소녀를 〈네덜란드의 모나리자〉라고도 해.

베르메르가 태어난 네덜란드는 영토의 65%가 바다보다 낮아 저지대Low Countries라고 불렸어. 네덜란드는 농토와 인구가 적은 대신 해안이 길고 강과 운하가 발달해서 네덜란드 사람들은 일찍부터 바다로 눈을 돌렸어. 그 결과 유럽에서 가장 무역과 상업이 발달했고 부유한 시민 계층이 일찍 정치에 눈을 떴지. 네덜란드의 귀족층은 스페인과 독립 전쟁을 치르며 그 세력이 약해졌어. 이들 귀족으로부터 돈을 주고 자치권을 넘겨받은 시민들은 일찍부터 자신의 도시를 독립적으로 운영할 수 있었거든.

독일에서 마틴 루터Martin Luther가 95개조 반박문을 공표하며 종교개혁의 불을 댕겼어. 종교개혁은 독일과 국경을 맞대고 있던 네덜란드 시민들에 깊은 영향을 미쳤어. 종교적으로 훨씬 관대했던 프로테스탄트를 믿는 네덜란드의 시민들이 늘어났지. 당시 네덜란드는 스페인이 통치했는데, 로마 가톨릭을 강요하고 높은 세금을 걷어가자 이 저지대 시민들은 스페인과 독립 전쟁을 벌였어. 이 독립 전쟁은 역사상 가장 무자비한 종교 전쟁이었지.

당시 유럽에서 가장 발달한 나라는 네덜란드와 같은 저지대의 벨기에였어. 안트워프와 같은 벨기에 주요 도시의 시민들이 종교의 자유를 찾아 네덜란드 암스테르담으로 이주하면서, 유럽에서 가장 발달하고 부유한 도시의 명맥을 암스테르담이 잇게 되었지.

스페인과의 종교 전쟁을 기점으로 서유럽 저지대는 가톨릭을 믿는 벨기에와 프로테스탄트교를 믿는 네덜란드로 나뉘어. 하지만 지금 네덜란드에는 일요일에 교회나 성당을 찾는 사람들은 별로 없다고 해. 스페인으로부터 독립한 뒤 네덜란드는 전쟁의 선봉에 선 자치주들이 주축이 되어 연방군주제를 갖추게 돼. 즉, 왕은 있으나 각 자치주가 독립적으로 무역과 상업을 관장했던 거지. 네덜란드의 도시들은 유럽 어느 나라보다 활기차고 부유했는데 이런 사회 분위기는 당시 그림에도 고스란히 드러나.

예전에는 초상화의 주인공이 주로 왕족이나 귀족이었어. 그러나 베르메르 시대의 네덜란드 화가들은 상인과 시민의 초상과 소소한 일상을 캔버스에 담았지. 이전의 초상화가 근엄하고 장식적이라면 이들의 새로운 그림은 소탈하고 유쾌해. 세련되고 잘 정돈된 집 실내와 잘 차려입은 옷, 밝은 표정에서 네덜란드 시민들의 부유한 생활을 엿볼 수 있어. 또 프로테스탄트교는 교회를 장식하는 이전의 화려한 그림을 좋아하지 않았어. 그림의 크기도 작아져서 〈진주 귀걸이를 한 소녀〉는 가로 30센티미터, 세로 45센티미터에 불과해.

진주 귀걸이를 한 소녀가 실제 누구인지는 알려지지 않았어. 베르메르의 하녀라고도 하고, 딸이라고도 추측해. 하지만 작가의 상상력에 의해 만들어진 소녀라는 이야기가 가장 널리 받아들여져. 베르메르는 노랑과 파랑을 많이 쓰는데, 소녀 머리에 있는 노랑과 파랑의 터번에서 아랍 세계로부터 받은 영향을 느낄 수 있어. 네덜란드는 독립 이전부터

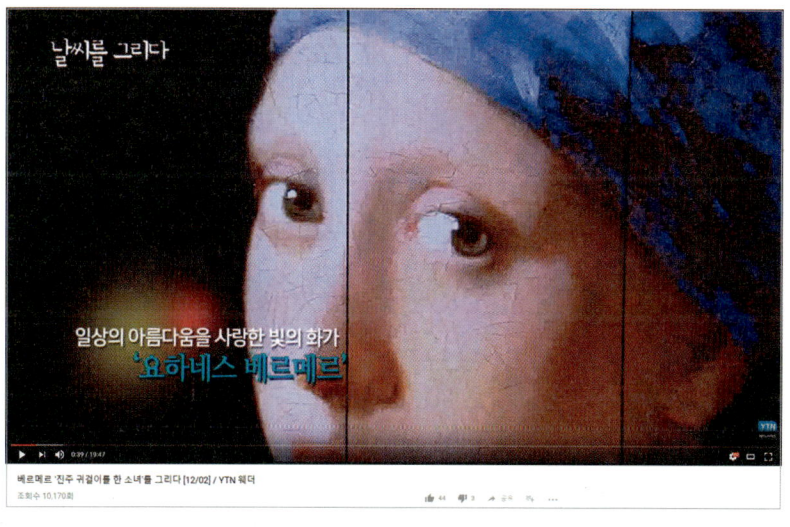

요하네스 베르메르를 해설하는 유튜브 동영상
www.youtube.com/watch?v=LG205ZjGtOE

해상무역과 상업이 활발했는데, 아랍과 활기 넘치게 교류하던 시대 배경이 그림에 녹아 있다고 할 수 있지.

그럼 이 '진주 귀걸이를 한 소녀'가 등장하는 광고를 볼까? 비행기 같기도 하고, 기차 같기도 한 편안한 1인용 좌석에 파란 터번을 두른 소녀가 잡지를 들고 앉아 있네. 다리를 쭉 펴고도 남는 넉넉한 공간에 은은한 불빛의 고급스러운 실내등까지 있어. 도대체 소녀에게 무슨 일이 생긴 거지? 이 광고는 무슨 메시지를 전달하려는 걸까?

이 광고는 웰티퓨러welti-furrer라는 스위스 운송회사의 광고야. 이 회사는 역사가 175년이나 되는데, 주로 유명 그림, 조각품, 유물, 문화재를 운송하지. 광고 오른쪽 아래 "예술품을 가장 잘 운송해주는 웰티퓨러"라는 카피 외에는 어떤 다른 설명도 없어. 그럼 이 광고가 전달하려는 속뜻을 상상해 보겠니?

웰티퓨러, 스위스, 2015년
'Finest Art Transport, welti-furrer,' 최고의 예술품 운송회사. 웰티푸러

값비싼 예술품을 가장 안전하게 운송한다는 메시지를 명화 속 주인공을 일등석 최상의 서비스로 모신다고 표현한 거야. 세계의 유명한 박물관과 미술관은 소장하고 있는 그림, 조각상, 문화재 등을 다른 나라에서 전시하곤 해. 이런 유명 예술품을 운송하는 데는 특별한 기술과 경험이 필요하겠지. 웰티퓨러는 자신만의 앞선 기술과 세심한 서비스를 이 광고를 통해 이야기하고 있어. 어때, 긴 설명 없이도 메시지를 재미있고 분명하게 전달하고 있지?

웰티퓨러의 광고를 더 볼까? 아래 광고 속의 주인공은 레오나르도 다 빈치(1452~1519)의 모나리자야. 베르메르의 진주 귀걸이를 한 소녀가 놀란 눈으로 막 얘기하려는 듯 하다면 모나리자는 뭔가를 조용히 응시하고 있는 것 같아. 베르메르가 한 소녀의 어떤 한순간을 포착해 그렸다면 다 빈치는 귀족 부인을 의자에 몇 시간이고 앉혀놓고 그렸다

웰티퓨러, 스위스, 2015년
'Finest Art Transport, welti-furrer.' 최고의 예술품 운송회사, 웰티푸러

는 느낌이 들어. 진주 귀걸이를 한 소녀처럼 광고 속의 모나리자도 안락한 좌석에 앉아 있지. 테이블에는 먹음직스러운 바닷가재 요리가 놓여 있어. 모나리자는 최상의 고급서비스를 받으며 여행하는 것 같구나. 긴 설명이 없어도 소중한 예술품을 가장 세심한 서비스로 안전하게 운송해 줄 것 같지 않니?

진주 귀걸이를 한 소녀나 모나리자는 책을 통해서 또 학교 수업을 통해서 이미 알고 있을 거야. 광고 속 창의성이란 이미 알고 있는 지식을 새롭게 결합하는 거야. 진주 귀걸이를 한 소녀와 일등석 기내 서비스를 결합하는 순간 이렇게 흥미로운 광고가 탄생하거든. 창의성이란 지식 주머니에 지식을 차곡차곡 채워 넣는 것에서부터 시작해. 창의성이란 하늘에서 어느 순간 뚝 떨어지는 것이 결코 아니란다.

## 세 번째 광고를 만들어볼까?

이 광고에 이어지는 세 번째 광고를 만든다면 어떤 명화 속 주인공이 좋을까? 렘브란트 자화상은 어떨까? 또 툴루즈로트렉과 르누아르의 작품은 어때? 그 그림에는 어떤 인문학적인 지식이 함께 하고 있을까? 이런 호기심과 관심이 창의력의 문을 활짝 열어준다는 사실을 잊지 말기 바래.

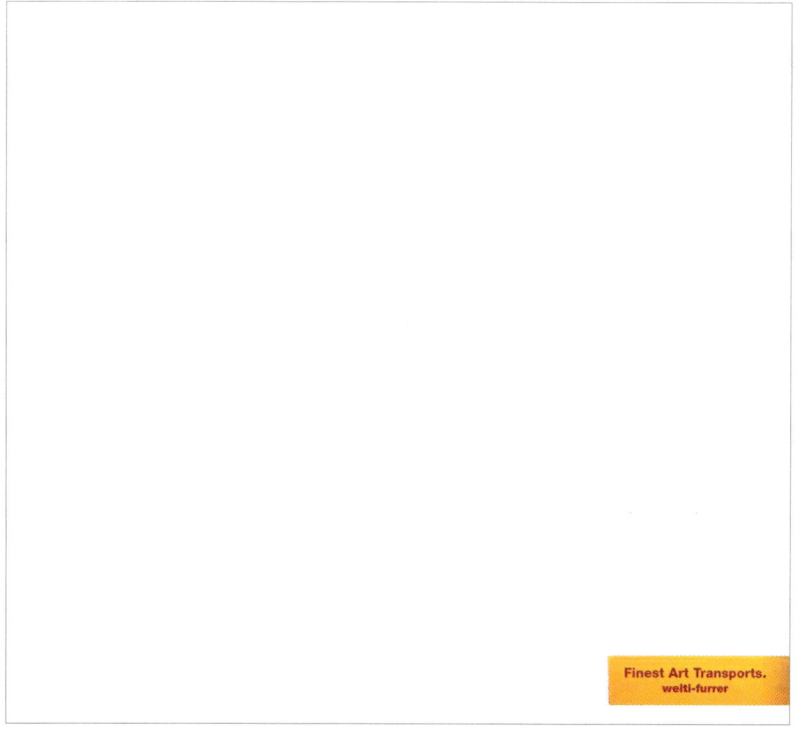

## 함께 생각해볼까? / 미술관 야간개장

### 밤에 보는 명화는 더 특별할까

　네덜란드 화가들은 왕실과 귀족의 초상화 대신 상인과 시민의 그림을 그리면서 왕실과 귀족들의 경제적인 후원을 받지 못하게 되었어. 화가들은 후원자로부터 시시콜콜 간섭받지 않고 자유롭게 그림을 그릴 수는 있었지만, 화상(그림 거래상인)을 통해 그림을 팔아야만 생계를 잇고 그림을 계속 그릴 수 있었지.

　빈센트 반 고흐(1853~1890)의 그림은 화상들로부터 인기가 없었어. 그는 평생 단 한 점의 그림만을 동생 테오를 통해 팔았을 뿐이야. 고흐는 지독한 가난과 싸워야 했어. 고흐의 삼촌은 그림을 사고파는 화상이었고 동생 테오도 화상 일을 했어. 정규 미술 교육을 받지 못한 고흐는 삼촌 가게에서 화상 일을 도우며 그림 공부를 했다고 해. 몇 차례 미술학교와 미술 선생님을 찾아갔지만 괴팍한 성격 탓에 얼마 되지 않아 걸어차고 나왔어.

　삼촌 가게에서 일하는 동안 고흐는 일본 그림에서도 영향을 받았

파이프를 물고 있는 자화상 원화, 1886년
네덜란드 암스테르담 반 고흐 미술관

어. 네덜란드 동인도회사는 일본 나가사키에 교역소를 설치하고 일본과 일찍 교류했기 때문에 고흐는 일본의 독특한 화풍에 눈을 떴다고 해. 그는 작품 속에서 일본 풍속화를 모방했고, 일본 화가의 풍속화를 자신의 그림에 그려 넣기도 했어. 고흐의 일본풍 그림에 대해서는 여러 가지 추측이 있어. 당시 네덜란드가 배에 싣고 간 물품 중에 일본, 중국을 비롯한 아시아 나라에서 매력을 느낄 만한 것은 거의 없었다고 해. 비단, 도자기, 차 등 수입할 것은 많지만 수출할 것은 마땅히 없어서 화가들의 그림을 팔기까지 했다는 거야. 아마 고흐의 일본풍 그림도 그런 목적으로 그려진 것이 아닐까 해.

고흐는 평생 유화 900점, 스케치 1,100점을 남겼어. 사람들은 고흐가 평생을 화가로 살았을 것으로 생각하지만 고흐가 그림에 전념한 것은 죽기 전 10년의 비교적 짧은 시간뿐이었어. 고흐는 자살로 생을 마감했지만 그 자살에도 의문은 있다고 해. 그 죽음의 미스터리를 추적해서 107명의 화가가 유화 애니메이션 〈러빙 빈센트〉를 완성했는데 그림의 완성도도 높고 이야기도 매우 흥미로워.

고흐 자화상을 패러디한 광고 이야기를 해볼까? 고흐는 파이프 담배를 즐겼나 봐. 고흐가 남긴 30여 편의 자화상 중에는 파이프를 입에 문 그림이 꽤 많거든. 그런데 고흐의 눈이 좀 이상하지? 감기려는 눈을

박물관의 밤(Museumnight), 네덜란드, 2014년

성냥개비로 지탱하고 있어. 물론 원래 그림은 이렇지 않아.

도대체 이 광고는 무슨 말을 하려는 걸까? 이 포스터는 네덜란드 암스테르담에 있는 반 고흐 박물관이 야간 개장을 한다는 내용을 담고 있어. '졸리더라도 꼭 기다릴 테니 오늘 저녁 미술관으로 오세요.' 아주 유머 넘치고 재치가 돋보이지 않니? 지금 암스테르담을 여행하고 있다면 저녁에 당장 가고 싶은 마음이 들 것 같아.

네덜란드 고흐 미술관만 야간 개장을 하는 것은 아니야. 박물관과 미술관이 그 어떤 나라보다 많은 이탈리아에서도 40여 박물관과 미술관이 매달 마지막 토요일에 야간 개장을 했어. 아래의 그림은 이탈리아 문화부와 예술가 협회가 나서서 마련한 〈박물관에서의 밤〉이라는 프로젝트의 광고 포스터야. 이탈리아의 문화유산과 예술품을 더 널리 알리고 관광객과 시민이 공유하도록 기획했다고 해.

이탈리아 문화유산관광부, 이탈리아, 2014년, 'Una Notte al Museo', 박물관에서의 밤

보다시피 이 포스터에 특별한 표현 아이디어가 있지는 않아. 다만 미켈란젤로(1475~1564) 최고 걸작으로 꼽히는 다비드 상 주위로 달과 별을 그려 넣어 야간 개장을 알리고 있어. 이탈리아 르네상스 미술을 대표하는 미켈란젤로는 피렌체 메디치 가문의 전폭적인 후원을 받으며 많은 작품을 남길 수 있었어. 그래서 5m가 넘는 원본 다비드 상을 감상할 수 있는 곳 역시 피렌체의 아카데미아 박물관이야.

이탈리아는 1860년대에 들어서야 통일이 되었어. 그래서 이탈리아 사람은 이탈리아인(이탈리아노)이라는 말보다 자기 고향을 내세워서 로마 사람은 '로마노', 나폴리 사람은 '나폴리타노', 밀라노 사람은 '밀라네제'라는 말을 더 좋아한다고 해. 자기 고향과 출신 지역에 대한 애정과 자부심이 남다르다고 할 수 있지. 이탈리아 정부가 이 다비드 상의 소유권을 이탈리아 정부로 하기 위해서 법률 검토를 하자 '그게 무슨 비 오는 날 우산인가, 내것 네것 하게.'라고 반발하며 피렌체의 소유를 주장했다고 해. 피렌체 사람들이 자기 고향과 그곳에 있는 이 위대한 조각상을 얼마나 사랑하는지 잘 말해주는 일화이지. 물론 이 피렌체의 아카데미아 미술관은 〈박물관에서의 밤〉에 참가하는 40개 박물관과 미술관 중 하나야.

## 세 번째 광고를 만들어볼까?

우리나라에도 여름이면 야간 개장을 하는 미술관, 박물관이 있어. 혹시 주변의 미술관이나 박물관이 야간 개장을 한다면 어떻게 알려야 할까? 먼저 전시작품 가운데 광고 소재로 삼을 작품을 정해야겠지. 그리고 그 작품과 밤을 어떻게 결합할 것인지 고민해 보자.

# 나는 오케스트라의 어떤 악기일까? /
# 취리히 실내 오케스트라

**물론, 음악에 대한 지식도 창의력에 꼭 필요하지**

오케스트라 연주에 가본 적 있니? 오케스트라는 바이올린, 첼로와 같은 현악기군, 클라리넷, 오보에와 같은 목관악기군, 호른, 트럼펫과 같은 금관악기군, 팀파니, 심벌즈와 같은 타악기군으로 편성된 합주를 말해. 베를린 필하모닉, 런던 필하모닉과 같은 세계적 오케스트라는 공연 때마다 보통 150대 가량의 악기를 편성해. 규모가 어마어마하지? 어떤 연주는 할아버지라는 별명을 가진 바순의 묵직하고 낮은 소리로 시작하고, 또 어떤 연주는 바이올린의 부드럽고 감미로운 소리로 시작하지.

오케스트라는 본래 고대 그리스 극장의 무대 앞, 합창단이 노래하던 공간을 뜻해. 오페라는 16세기 말 르네상스 시대에 고대 그리스 연극을 노래와 멜로디로 재현하며 발달한 음악극이야. 고대 그리스극에서는 부채꼴의 이 공간에 합창단이 있었지만, 오페라에서는 연주단을 배치했어. 최초의 오케스트라는 합창에서 시작됐어. 합창의 부족한 소리를 몇 가지 악기로 보완하던 것이 점점 기악 중심으로 발전해서 오늘날의 오케스트라가 되었지.

오케스트라가 처음부터 큰 규모였던 것은 아니야. 초기 오케스트라는 음색이 같은 바이올린, 비올라, 첼로에 몇 개의 관악기가 더해진 소규모 협주였는데, 주로 궁정과 교회에서 연주됐어. 이후 관악기들이 발달하면서 오케스트라의 일원이 되었지. 지금과 같은 대규모의 화려한 편성이 가능해진 건 1750년 음악의 고전 시대가 활짝 꽃을 피우기 시작하면서야. 이 시기를 대표하는 음악가들이 바로 하이든, 모차르트, 베토벤이야.

오케스트라에서 핵심적인 역할을 맡은 악기는 바이올린이야. 바이올린은 많게는 40대까지 대규모로 편성되고 비올라, 첼로, 더블 베이스와 함께 현악기군을 이뤄. 목이 긴 나무통에 줄을 감아서 손가락으로 퉁기거나 뜯어서 소리를 내는 고대의 현악기는 세계 거의 모든 지역에서 발견돼. 줄을 손가락으로 뜯거나 퉁기는 방식의 현악기는 하프, 기타, 만돌린으로 발전했어. 활로 줄을 켜는 연주법을 알게 되면서 어떤 현악기는 바이올린, 비올라, 첼로로 진화했지. 손으로 뜯거나 활로 켜는 방식이 아닌 다른 형태로 발전한 현악기도 있어. 나무 상자 안에 하프를 눕혀놓고 건반을 이용해 현을 뜯거나 두드려서 소리를 내는 건반악기지. 피아노는 이런 현악기들을 조상으로 두고 있어. 그랜드 피아노는 현을 눕혀놓고 연주해. 반면에 집에 있는 업라이트 피아노는 수직으로 늘여 놓은 현을 해머로 두드려 소리를 내지. 피아노 가문에는 쳄발로, 하프시코드, 클라비코드와 같은 할아버지도 있고 삼촌 격인 포르테피아노도 있어. 피아노와 닮은꼴인 포르테피아노에는 페달이 없는데 지금도 드물게 독주용으로 사용되지.

피아노는 1709년 이탈리아에서 쳄발로를 만들던 바르톨로메오 크리스토포리Bartolomeo Cristofori가 발명했어. 피아노가 세상에 선보이기 전 음악가들은 하프시코드나 포르테피아노로 작곡하고 연주했어. 모차르트와 베토벤의 초기 작품들은 모두 포르테피아노를 위해 작곡한 곡이야. 후기로 넘어가면서 모차르트와 베토벤의 작품 가운데는 포르테피아노로는 연주가 어려운 작품들이 등장하는데 이 불멸의 작곡가들이 피아노로 작곡하기 시작했거든.

오케스트라를 관현악이라고도 해. 관악기와 현악기의 협주라는 뜻이지. 관악기는 관을 통해 부드럽게 떨리는 소리를 내서 현악 협주를 더 아름답게 해. 바이올린, 비올라, 첼로는 음색이 같지만 관악기는 재질, 형태, 구조 그리고 연주법에 따라 소리가 달라. 그래서 상대적으로 더 디게 오케스트라의 일원이 되었어. 먼저 목관악기인 플루트, 오보에, 바순이 현악기 그룹과 호응하며 관악기 그룹으로 오케스트라에 합류했어.

19세기 초 금관악기에 멜로디를 연주할 수 있는 밸브와 버튼이 장착되면서 금관악기 그룹은 정식으로 오케스트라의 일원이 되었지. 플루트는 금속재질이라 금관악기라 생각할 수 있지만 본래 나무로 만든 악기였기 때문에 목관악기로 분류돼. 오케스트라에는 매우 드물게 편성되는 색소폰은 목관악기와 금관악기의 장점을 모두 살린 악기인데 목관악기의 특징인 리드로 소리를 내기 때문에 목관악기로 분류돼. 금관악기로는 트럼펫, 트롬본, 호른, 튜바 등이 있어. 트럼펫은 본래 전투나 사냥에서 신호를 보내기 위해 사용하던 악기야. 트롬본은 트럼펫의 사촌쯤 되는데 버튼 대신 밀고 당기는 슬라이드를 이용해서 트럼펫이 내지 못하는 저음을 만들지.

인류가 만든 가장 오래되고 정교한 건반악기는 오르간이야. 피아노가 현악기로부터 발달했다면 오르간은 관악기로부터 발달했어. 오르간은 여러 개의 서로 다른 크기의 관에 바람을 넣고 건반으로 조절해서 소리를 내는 악기야. 큰 교회나 극장의 한쪽 벽을 장식하고 있는 파이프 오르간을 떠올리면 쉽게 이해할 수 있을 거야. 파이프 오르간은 눈에 보이는 파이프보다 훨씬 많은 파이프가 벽 뒷면에서 소리를 내. 서울 세종문화회관의 파이프 오르간은 무려 8,098개의 파이프로 이루어져 있어. 피아노가 발명되고 널리 전파되기 전에 태어난 바흐는 교회의 파이프 오르간 연주자였어. 고장 난 파이프 오르간이 있으면 달려가 고쳐주는 기술자이기도 했지. 바흐는 평생 독일 라이프치히를 벗어난 적이 없기 때문에 이탈리아에서 개발된 피아노를 본 일이 없었을지 몰라.

부채꼴로 배치된 오케스트라의 맨 끝에는 타악기군이 배치되어 있어. 타악기군은 실로폰, 마림바, 팀파니처럼 높낮이가 있는 음을 내는 타악기와 큰북, 심벌즈처럼 큰 소리로 다른 악기를 보강하는 타악기로 구성돼. 이 가운데 심벌즈는 오케스트라 연주가 절정에 이르는 단 한 순간에 깜짝 놀랄 만큼 큰 소리로 자신의 존재를 드러내지. 침묵 속에 묵묵히 자신의 시간을 기다리는 악기야. 심벌즈 연주자에게는 이 침묵의 순간도 오케스트라 연주의 일부이지.

살펴볼 광고는 취리히 체임버 오케스트라Zurich Chamber Orchestra 연주를 알리는 광고야. 세상에는 현악기, 목관악기, 금관악기, 타악기로 구성된 100명 이상의 대편성 오케스트라만 있는 것은 아니야. 현악기로만 구성된 현악 오케스트라도 있고 관악기로만 이루어진 관악 오케스트라도 있어. 또 연주자가 50명 미만이면 체임버 오케스트라 즉 실내 오케스트라라고 해.

광고 속의 악기는 바이올린이야. 그런데 바이올린 목의 손가락 한 마디 길이 위에는 스웨덴의 팝음악 그룹 레드넥스Rednex라고 쓰여 있고, 목 전체에는 루드비히 반 베토벤Ludwig van Beethoven의 이름이 적혀 있네. 무슨 뜻일까? 베토벤 교향곡을 듣는 것은 음악의 전부를 경

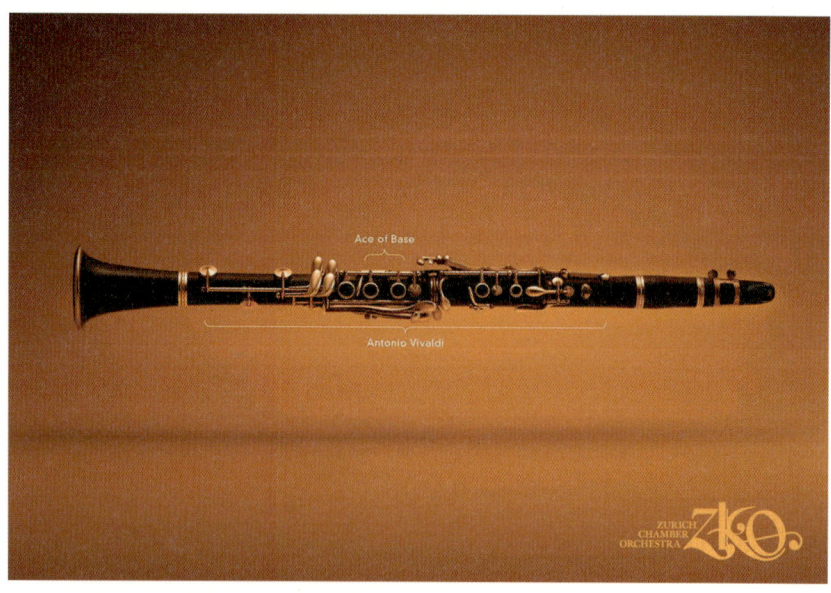

취리히 체임버 오케스트라, 스위스, 2010년

험하는 것이고 레드넥스의 대중음악을 듣는 것은 음악의 작은 일부를 즐기는 것이라는 뜻이지. 그러니까 쮜리히 체임버 오케스트라 연주회에 와서 진정한 음악의 세계를 경험해보라고 광고는 이야기하고 있어.

또 다른 광고에서는 클라리넷을 소재로 쓰고 있어. 안토니오 비발디Antonio Vivaldi를 듣는 것은 음악 전부를, 스웨덴의 팝 그룹 에이스 오브 베이스Ace of Base를 듣는 것은 음악 일부를 경험하는 것이라는 메시지야.

### 세 번째 광고를 만들어볼까?

자 그럼, 오케스트라에 편성되는 또 다른 악기를 소재로 세 번째 광고를 만들어볼까? 가장 좋아하는 악기를 소재로 광고를 완성해 보자. 유튜브나 다른 동영상으로 연주 실황을 감상해 보는 것도 좋을 것 같구나.

# 함께 생각해볼까? / 다버 소화제

### 악기를 사람에 비유해 보면 어떨까?

호른이라는 악기를 알고 있니? 오케스트라에 편성되는 잉글리쉬 호른은 오보에 계통의 목관악기야. 반면 프렌치 호른은 묵직하고 온화한 음색의 금관악기지. 프렌치 호른은 본래 신호용 나팔이었어. 긴 호른을 사냥터에 가지고 갈 수가 없어서 둥글게 말면서 지금의 형태가 되었다고 해. 호른을 다 펴면 3.7m나 돼. 프랑스에서 먼저 이 긴 나팔을 둥글게 말아 악기로 쓰면서 프렌치 호른이라는 이름이 붙었다고 해. 하지만 그 근거가 약해서 국제 호른협회는 프렌치를 빼고 그냥 호른이라는 이름을 쓸 것을 권고하고 있지.

호른은 남성적인 매력이 가득한 금관악기야. 호른 소리를 듣고 있으면 낮고 묵직한 울림이 온몸으로 전해지는 것 같아. 이 호른을 이용한 광고를 한 편 볼까?

아래 왼쪽에 있는 광고를 보면 뚱뚱한 남자의 배 속에 호른이 하나 들어 있네. 마우스피스는 입에, 소리가 나오는 벨은 엉덩이에 연결된 이 광고는 무슨 속뜻일까? 배에 가스가 가득 차서 몹시 더부룩해 본 경험이 있다면 광고의 속뜻을 바로 알 수 있을 거야.

다른 광고를 볼까? 이번에는 색소폰이야. 바람을 불어 넣는 마우스피스는 입에, 소리가 나는 나팔꽃 모양의 벨은 엉덩이에 이어져 있네. 도대체 무슨 광고일까?

이 광고들은 다버의 가스트리나Dabur Gastrina라는 인도의 소화제 광고야. 호른이나 색소폰 소리처럼 묵직하고 큰 소리의 방귀가 시원하게 나오면 더부룩한 속이 한순간에 편해지잖아. 가스 차고 더부룩한 위장을 편안하게 해준다는 메시지를 재치 있게 표현한 광고야. 혹시 방귀 뀌는 게 좀 점잖지 못하다고 생각할 수도 있지만, 방귀는 누구에게나 일어나는 생리 현상이야. 조심성 없이 아무 데서나 방귀 뀌는 것은 좋지 않지만, 소리가 난다고 또 냄새가 고약하다고 눈살을 찌푸릴 필요도 없어.

다버 소화제, 인도, 2015년

## 세 번째 광고를 만들어볼까?

이 광고들에 이어질 세 번째 광고를 생각해볼까? 속이 편해질 것 같은 소리를 내는 관악기는 또 무엇이 있을까? 꼭 소화제가 아니더라도 악기를 우리 몸에 비유해서 표현할 수 있는 광고로는 무엇이 있을까? 함께 생각해보는 것도 재미있을 것 같구나.

# 나무 한 그루를 베면 나무 한 그루를 심습니다 / Pefc

세계 모든 숲에서 울리는 경고음

아마존 열대우림을 '지구의 허파'라고 하는 이유를 알고 있을 거야. 지구 열대우림의 ⅓을 차지하는 아마존 밀림은 지구 온난화의 주범, 이산화탄소를 가장 많이 흡수하고 또 세계 산소량의 25%를 공급하기 때문이야.

숲이 흡수한 이산화탄소는 나무와 땅에 저장돼. 아마존 밀림의 나무들은 약 770억 톤, 땅도 이 정도 양의 온실가스를 저장하고 있다고 해. 잘 알고 있듯이 나무는 광합성을 통해 산소를 내뿜고 이산화탄소를 흡수해. 캐나다 산림청의 버너 커즈 박사가 개발한 산림탄소통합모델(CBM-CFS)에 따르면 세계 이산화탄소 배출량의 33%인 26억 톤가량이 산림에 흡수되고 있어. 나무는 탄소를 흡수해 저장하고 있기 때문에 '탄소 통조림'이라고도 해.

나무를 베어내면 어떻게 될까? 뿌리, 줄기, 잎이 마르고 썩으면서 나무에 저장된 이산화탄소가 공기 중으로 되돌아가. 인류가 배출하는 이산화탄소의 12~25%는 나무를 베어서 생긴다고 해. 숲에서 나무 한 그루를 베어내면 '탄소 흡수원' 하나가 사라지는 동시에 '탄소 통조림' 하나가 열리는 셈이지. 열대우림의 역할은 이것 말고도 또 있어. 빽빽한 열대우림에는 일 년 내내 비가 내려. 많은 양의 비가 땅에 도달하기 전에 주위의 열을 빼앗아서 공기 속으로 증발해. 이러한 작용은 열과 수분을 재순환시켜서 지구의 온도를 낮추고 기상을 안정적으로 유지하지.

아마존 열대우림은 오래전 설탕의 원료인 사탕수수를 옮겨 심으면서 유럽 사람들에 의해 훼손되기 시작했어. 이후 사탕수수보다 커피의 경제성이 더 커지면서 이번에는 커피 농장을 운영하기 위해 열대우림을 불태웠지. 아마존 열대우림은 지금도 훼손되고 있어. 사탕수수에서 바이오 연료인 에탄올을 만들면서 이번엔 브라질 정부가 나서서 사탕수수 재배 면적을 넓히기 위해 숲을 태우고 있거든. 설탕, 커피, 에탄올 연료… 우리 인류가 아마존 열대우림에 얼마나 큰 빚을 져왔는지 알 수 있겠지.

아마존뿐 아니라 아프리카와 아시아 열대우림도 심각하게 훼손되고 있어. 도시가 발전하고 건물과 도로가 들어서면서 숲이 훼손돼. 또 인구가 늘면서 숲은 경작지나 목축지로 바뀌지. 아프리카와 아시아 열대우림에는 질 좋은 목재가 풍부해. 하지만 가난한 나라들에서는 벌목이 국가 사업이라 무조건 막을 수도 없어. 가난한 나라에서는 국민의 먹고 사는 문제를 위해서 열대우림의 나무를 베어 수출할 수밖에 없거든.

숲 파괴 경고음은 열대우림에서만 울리는 것이 아니야. 유럽, 미국, 아시아 등 전 세계의 숲에서도 요란한 경고음이 울려. 숲 파괴가 심각해지자 1992년 브라질 리우 유엔 환경개발회의UNCED에서는 지속적이고 안정적으로 산림을 경영하기 위해 '산림인증제도'를 채택했어. 산림인증제도란 마구잡이로 나무를 베고 무분별하게 숲을 파괴하지 않는다는 사실을 인증하고 그 산림에서 생산된 목재나 제품을 증명해 주는 제도야. 그러니까 이 인증 마크가 있는 제품은 산림을 무분별하게 해치지 않고 생산했다는 뜻이지.

국제 산림인증기관은 두 곳이 있어. 산림관리협회FSC: Forest Stewardship Council와 산림인증 승인 프로그램PEFC: Programme For Endorsement of Forest Certification scheme이지. 산림인증을 받는다는 것은 국제적으로 공인된 까다로운 검증기준을 통과했다는 뜻이야. 산림관리협회FSC와 산림인증승인 프로그램PEFC뿐 아니라 많은 나라에서 자체적으로 산림경영 기준을 마련하고 있어. 현재 우리나라도 자체 산림인증을 준비 중이야. 그래서 지금 우리나라에서 생산된 목재나 제품에서는 FSC나 PEFC 인증마크를 찾아보기 어려워.

PEFC는 1999년 스위스 제네바에서 설립된 비정부NGO 단체야. 나무 한 그루를 베면 한 그루를 심어서 숲을 지키는 노력에 우리 모두 동참할 것을 촉구하고 있지. 실제로 나무 한 그루를 베면 그 자리에 나무 한 그루를 심도록 하는 법이 있어. 바로 산림 강국 캐나다의 산림보호법이야. 캐나다는 FSC인증 산림면적도, PEFC인증 산림면적도 세계에서 가장 넓어. 우리나라는 겨우 약 400ha의 산림이 FSC인증(2013년 기준)을 받았을 뿐 PEFC인증을 받은 산림은 없어.

2015년의 한 조사에 따르면 지구 위에 있는 나무는 총 3조 400억 그루라고 해. 이것은 문명이 시작된 이래 46%가 줄어든 양이야. 그러나 지금과 같이 매년 150억 그루가 줄어들면 이 나무들로는 고작 200년밖에 쓸 수 없다고 해. 숲을 지키기 위해 우리가 할 행동으로 환경운동가들은 '종이 아끼기'를 한목소리로 주장해. 그리고 산림인증제도를 잘 이해하고 이 인증마크가 있는 목재와 가구, 종이컵, 노트와 같은 제품을 사용하는 것도 좋은 방법이 될 것 같아. 그럼 네덜란드의 한 광고

PEFC(산림인증 승인 프로그램), 암스테르담, 2013년
'The Brazilian rainforest is under threat. Choose PEFC certified wood products.'
브라질의 열대우림이 위협받고 있습니다. PEFC인증 목재제품을 선택해 주세요.

PEFC(산림인증 승인 프로그램), 암스테르담, 2013년
'The Brazilian rainforest is under threat. Choose PEFC certified wood products.'
카메룬의 열대우림이 위협받고 있습니다. PEFC인증 목재제품을 선택해 주세요.

대행사가 제작한 PEFC의 〈숲을 살려주세요〉 캠페인을 살펴볼까?

　브라질 국기의 녹색 바탕색을 숲으로 대신했는데, 첫눈에도 열대우림의 훼손을 뜻하고 있는 것을 알 수 있겠지. 광고 오른쪽 아래에는 작은 글자로 '브라질의 열대우림이 위협받고 있습니다. PEFC인증 목재 제품을 선택해 주세요.'라는 카피와 PEFC 마크가 있어.

　아프리카의 삼색기는 자연을 의미해. 광고 속 카메룬 국기의 빨강은 땅, 노랑은 태양, 초록은 삼림을 뜻한다고 해. 이 광고에서도 초록은 열대우림으로 대체되어 있어. 먼저 살펴본 광고와 마찬가지로 왼쪽 초록색 열대우림의 나무들이 무수히 베어지면서 숲은 점점 맨땅을 드러내고 있네. '카메룬의 열대우림이 위협받고 있습니다. PEFC인증 목재 제품을 선택해 주세요.' 이 카피로 광고가 전달하려는 메시지를 바로 알 수 있겠지?

## 세 번째 광고를 만들어볼까?

브라질, 카메룬 외에 또 다른 열대우림 국가로는 어느 나라가 있을까? 그 나라 국기에 있는 초록 바탕을 숲으로 바꿔서 세 번째 광고를 완성해 보자. 바다에 접해 있으면서 국기에 파란색이 있는 나라는 어딜까? 이 나라의 국기를 이용해서 플라스틱 쓰레기로 오염되고 있는 바다 환경을 주제로 광고를 만들어보면 어떨까? 생각을 더 발전시켜볼까?

## 함께 생각해볼까? / 프로 내츄라

### 숲속 동물 친구들도 함께 사라집니다

아마존의 숲과 강에는 300여 부족과 지구 생물의 약 10%가 살고 있다고 추정해. 2014~2015년의 아마존 생물 종 보고서에 따르면 아마존에서는 아직도 이틀에 하나꼴로 새로운 종이 발견된다고 하니까 아마존은 정말 놀라운 생명력을 가지고 있어. 열대우림의 경이로운 생명력을 위협하는 것은 무분별한 나무 벌목이야. 함께 살펴볼 광고는 1985년 브라질에서 처음 활동을 시작한 환경 관련 비정부단체 프로 내추라pro natura의 광고야. 프로 내추라는 개발도상국의 시골 마을이 직면하고 있는 경제, 환경문제를 해결하기 위해 활동하고 있어.

프로 내츄라는 다음과 같은 광고를 통해 밀림 파괴 방지를 호소하고 있어. 광고의 메시지는 아주 분명하지. 베어진 나무들의 단면에는 재규어가, 광고 오른쪽 아래에 '숲을 파괴하는 것은 생명을 파괴하는 것입니다.'라는 카피가 있어. '무분별하게 나무를 베서 숲을 파괴하는 것은 재규어, 독수리와 같은 숲속 친구들을 죽음으로 내모는 일입니다.'라는 메시지를 이보다 강하게 전달할 수 있을까?

프로 내츄라, 멕시코, 2014년.
'Destruction of forests is the destruction of life.' 숲을 파괴하는 것은 생명을 파괴하는 것입니다.

## 세 번째 광고를 만들어볼까?

열대우림을 파괴하는 것은 숲속 친구들, 숲에 둥지를 틀고 사는 하늘의 친구들뿐 아니라 바다의 친구들도 심각하게 위협하는 일이야. 숲이 파괴되면 온실가스가 대기 중에 많이 떠돌고 바닷물 온도도 올라가. 그러면 해양 생태계에 변화가 생기고 바닷속 동식물들은 서식지를 잃거나 개체 수가 줄어들지. 프로 내추라의 이 광고들에 이어질 세 번째 광고를 완성해 보자. 바다의 동식물도 숲 파괴의 피해자니까 바닷속 친구들을 세 번째 광고에 이용해 보는 것도 좋을 것 같구나.

# 온종일 쫓고 쫓기는 두 바퀴 / 부에노스아이레스

### 왜, 세계의 도시는 공공 자전거에 관심을 가질까?

따릉이, 반디클, 누비자, 페달로… 이 이름들을 들어 본 적 있니? 서울, 수원, 창원, 안산시를 달리는 우리나라 도시 공공 자전거의 이름이야. 이미 전 세계 855개 도시에는 시민과 관광객들이 편리하게 이용할 수 있는 공공 자전거가 있어. 스마트폰이나 PC를 이용해서 도시 곳곳 보관소에 비치된 자전거를 빌려 타고 목적지의 보관소에 반납하면 되지. 이런 도시의 공공 자전거는 전 세계에 무려 100만 대나 있다고 해.

기원전 3,500년 경 메소포타미아에서 처음 사용된 바퀴는 인류가 고안해 낸 최고의 발명품 가운데 하나야. 하지만 인간이 자기 몸을 이용해 바퀴를 움직여 개인 이동수단으로 삼기까지는 아주 긴 시간이 걸렸어. 최초의 자전거는 1817년 독일의 괴짜 남작 칼 드라이즈Karl Drais 가 만든 드라이즈네Draisine라는 이름의 자전거(왼쪽 그림)라고 해. 앞뒤 두 개의 바퀴를 나무로 연결하고 핸들을 단 자전거인데 발로 땅을 차서 움직였어. 그래도 사람이 걷는 속도보다 빨라서 걸어서 3시간 거리를 드라이즈네는 1시간 만에 주파했다는 기록이 있어. 이런 원초적인 형태의 자전거가 다리의 상하 운동을 회전운동으로 바꿔주는 크랭크와 페달을 갖추고, 또 뒷바퀴로 힘을 전달해주는 체인을 장착하면서 지금의 자전거로 발전했지.

 1885년 세상에 첫 선을 보인 최초의 현대식 자전거 이름은 안전 자전거Safety Bicycle였어. 왜 안전 자전거냐고? 그 이전까지의 자전거는 아주 위험했기 때문이지. 앞바퀴는 사람 키만 하고 뒷바퀴는 아주 작은 자전거 사진을 본 일이 있니? 안전 자전거가 나오기 전에 사람들이 타고 다니던 자전거야. 다리를 한 번 구르면 바퀴도 한 번 회전하기 때문에 속도를 높이기 위해서는 자전거 앞바퀴가 커야 했지. 타고 내리기도 불편하고 장애물을 피하기도 쉽지 않아서 위험한 사고도 잦았어. 오디너리ordinary, 하이휠High Wheel, 페니파딩Penny-farthing… 이 자전거를 불렀던 이름은 여러 가지야. 페니penny와 파딩farthing은 모두 영국의 동전을 말해. 1페니는 4파딩에 해당하는데 앞뒤 바퀴의 서로 다른 크기를 빗대서 이런 이름으로 불렀다고 해. 세이프티 자전거가 세상에 나오고 3년 후, 바퀴에 버금가는 획기적인 발명이 또 한 번 뒤를 이어. 바로 공기를 넣은 탈부착식 고무 타이어야. 온몸의 뼈까지 덜컹거려야 했던 철제 바퀴를 대체한 고무 타이어는 자전거뿐 아니라 곧 세상의 모든 길 위를 장식할 자동차의 시대를 활짝 열었지.

 만물의 영장 인간은 주로 손을 이용해서 도구를 만들고 조작해 왔어. 손, 발, 등, 어깨와 허리 근육은 모두 손을 쓰기에 적합하도록 발달했지. 하지만 자전거는 온전히 다리 근육으로 움직여. 핸들 바 위에서 손은 중심을 잡고 방향을 바꾸는 일을 맡지. 자전거는 속도를 낮춰 주위를 돌아볼 여유를 주고 바람, 햇살을 느끼도록 해줘. 그래서 자전거는 아주 원초적이고 정직하며 자연과의 일체감을 안겨주는 이동 수단이라고 할 수 있지.

　세계의 모든 도시는 공공 자전거에 관심이 많아. 왜냐고? 도시에 살며 환경을 위해 할 수 있는 가장 좋은 일은 자동차 대신 자전거를 이용하는 일이거든. 잘 알고 있듯 자동차는 대기 오염의 주범 가운데 하나야. 자동차의 오염 가스는 시동을 걸고 출발 후 수 분 내에 집중적으로 배출된다고 해. 짧은 이동 거리를 자주 오가는 도시의 자동차가 오염 가스를 더 많이 배출한다는 뜻이야. 도시 내 멀지 않은 거리는 걷거나 자전거를 타거나 또는 대중교통을 이용해야 할 필요가 여기에 있어. 대기 오염, 교통 혼잡, 소음에 대한 문제의식이 높아지면서 공공 자전거는 도시의 대안 교통수단으로 주목 받게 되었지. 그래서 세계의 많은 도시가 더 편리한 공공 자전거 운영을 위해 고민하고 있어.

페니파딩을 타는 사람들. 캘리포니아, 1886년(위키피디아)

도시 공공 자전거의 역사는 1965년 네덜란드 암스테르담에서 벌인 〈하얀 자전거 운동〉으로 거슬러 올라가. 프로보스Provos라는 다소 과격한 반체제 청년 단체가 흰색 페인트칠을 한 3대의 자전거를 광장에 놓고는 필요한 사람은 누구나 타고 가라고 시위를 벌였어. 이들은 자전거 타는 사람도 도로를 사용할 당당한 권리가 있다고 주장했지. 암스테르담 경찰의 자전거 압수에도 불구하고 이 작은 시위는 〈하얀 자전거 운동〉에 쓰일 자전거를 기부하는 시민운동으로 확대되었어. 또 시간이 흘러 미국 포틀랜드를 비롯하여 런던, 파리, 브뤼셀, 뉴욕으로 전파되며 도시 공공 자전거 프로그램으로 발전했지.

최근 새로운 기계장치와 IT 기술을 결합해 도난, 분실의 문제를 해결하면서 많은 도시가 더 효율적으로 공공 자전거를 운영하고 있어. 시가 직접 운영하기도 하고 다른 업체에 운영을 맡기기도 해. 도시에서 안전하게 자전거를 타기 위해서는 우선 자동차 전용 도로가 많이 생겨야 해. 또 자전거의 안전이 가장 먼저 지켜지도록 신호등 체계도 바뀌어야 하지. 세계에서 최초로 자전거 도로법을 만든 덴마크 코펜하겐의 바이사이클렌Bycyklen, 뉴욕의 시티바이크, 스페인 발렌시아의 발렌비시Valenbisi, 자전거를 뜻하는 벨로와 자유를 의미하는 리베르테 이 두 단어를 합한 파리의 벨리브velib…… 오늘도 이런 멋진 이름의 공공 자전거가 세계의 도시를 달리고 있지. 도시 공공 자전거가 가장 잘 운영되고 있는 네덜란드 암스테르담에서는 도시 내 이동의 30%를 자전거가 차지한다고 해.

자동차가 배출하는 것은 대기오염 가스뿐이 아니야. 주차한 자동차가 떠난 자리를 살펴본 일이 있니? 휘발유, 디젤과 같은 자동차 기름은 물론 엔진오일, 윤활유, 부동액 등 유해한 화학물질로 바닥이 얼룩져 있어. 이 오염 물질이 하천으로 흘러 들어가면 환경은 또 한 번 깊은

스페인의 공공 자전거 발렌비시, 2016년(위키피디아)

신음을 하게 돼.

　우리나라는 최근 더 심해진 황사, 미세 먼지로 마음 놓고 실외 활동을 할 수 있는 날이 점점 줄어들어. 도심 도로는 물론 하천 주변과 공원의 자전거 도로를 달리는 일도 쉽지 않지. 하지만 공기가 깨끗하고 하늘이 맑은 날, 시원한 바람을 맞으며 자전거를 타고 달려보자. 우리 몸도 건강해지고 지구도 건강해지는 것을 느끼면서 말이야.

　우리나라 반대편에 있는 아르헨티나의 수도 부에노스아이레스의 공공 자전거 광고를 살펴볼까. 에코비시Ecobici라는 이름의 이 자전거는 다른 나라와 달리 오전 8시부터 저녁 8시까지만 이용할 수 있었어. 좀 불편했겠지? 그래서 2015년부터는 365일 24시간 무료로 이용할 수 있도록 제도를 고쳤대. 이용 시간이 늘어난 에코비시를 사람들에게 알리기 위해 시는 아주 재미난 아이디어를 냈어. 광고에서 보듯 앞뒤 두

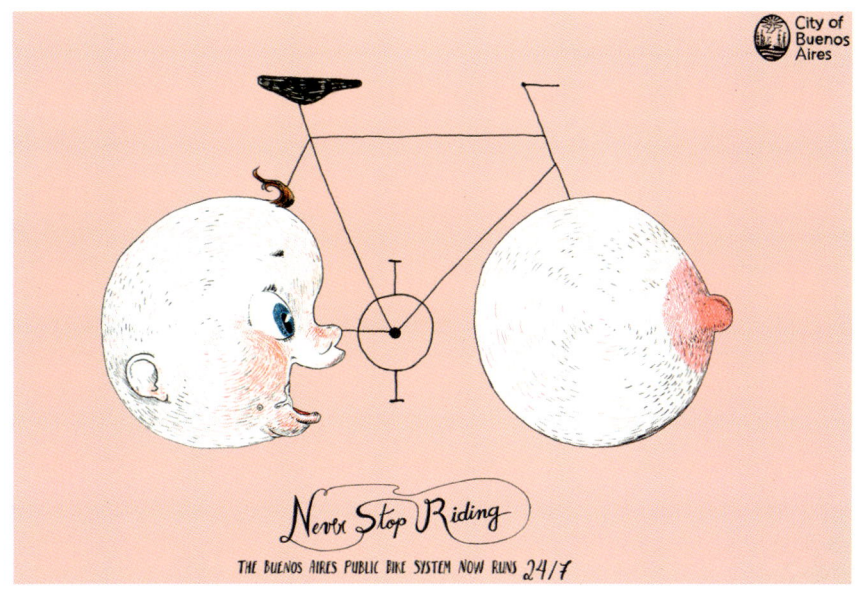

부에노스아이레스 시 공공 자전거, 아르헨티나, 2016년.
'The Buenos Aires public bike system now runs 24/7.'
부에노스아이레스의 공공 자전거 시스템은 연중무휴(하루 24시간, 주 7일) 운영합니다.

바퀴에 각각 흥미로운 그림을 그려 넣었어.

도대체 무슨 뜻일까? 도토리와 다람쥐, 엄마 젖과 아가… 이 둘은 떼려야 뗄 수도 없고 언제나 졸졸 따라다니는 관계잖니. 온종일 다람쥐는 도토리를 찾아다니고, 아가는 엄마 젖을 따라다니잖아. 이 둘을 각각 앞뒤 바퀴에 그려서 '부에노스아이레스 공공 자전거는 온종일 돌아다녀요.'라는 메시지를 알린 거야. 어때? 이 작은 아이디어가 시민들의 관심을 높이고 더 재미있게 자전거를 타도록 하지 않았을까.

이 광고는 처음부터 인쇄 광고로 만들어지지 않았어. 실제 자전거 바퀴에 그림을 그려 넣어서 사람들이 타고 다니도록 했지. 부에노스아이레스의 시민과 관광객은 아마도 이 흥미로운 자전거가 달리는 모습을 보면 사진을 찍어 SNS에 올리거나 친구들에게 보냈을 거야. 굳이

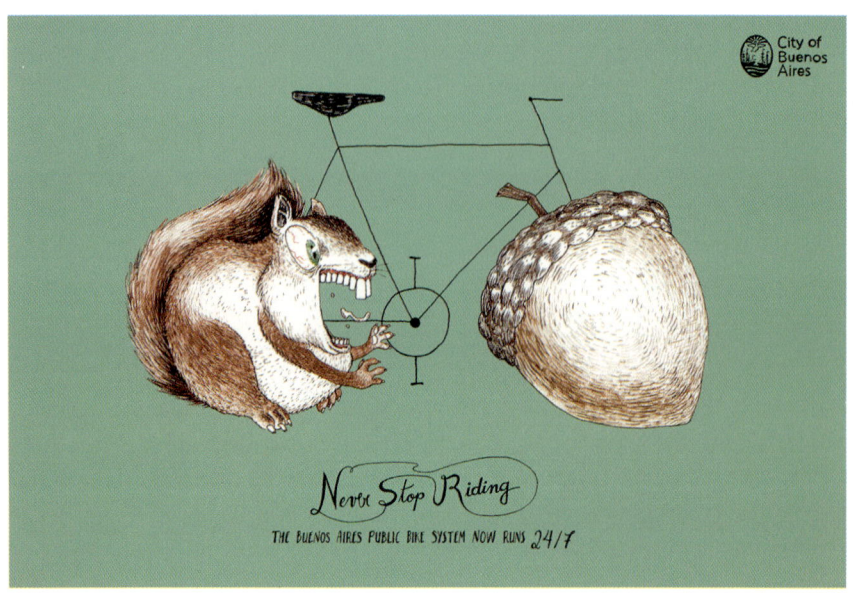

부에노스아이레스 시 공공 자전거, 아르헨티나, 2016년.
'The Buenos Aires public bike system now runs 24/7.'
부에노스아이레스의 공공 자전거 시스템은 연중무휴(하루 24시간, 주 7일) 운영합니다.

신문, 잡지, TV와 같은 비싼 대중 매체를 이용하지 않고도 주위의 많은 사람에게 전달할 수 있었지.

### 세 번째 광고를 만들어볼까?

관심 있게 봐야 할 점은 자전거 부속품인 바퀴에 이런 흥미로운 메시지를 담는 순간 바퀴는 이제 새로운 미디어(매체)로 변신했다는 거야. 종이컵, 전신주, 건물의 일부, 병뚜껑, 낙엽… 우리 주변을 살펴보면 우리 친구들의 즐거운 아이디어를 기다리며 잠자고 있는 매체들이 아주 많아. 재미있는 상상력이 더해질 때 이 사소한 사물들은 누구도 생각 못한 놀라운 매체로 깨어나지. 자전거의 두 바퀴에 독창적이고 기발한 그림을 그려 넣어 메시지에 재미를 더한 이 광고. 이 광고들에 이어질 세 번째 광고를 만든다면 어떤 아이디어가 좋을까? 온종일 쫓고 쫓기는 두 상황은 어떤 것이 있을까?

# 함께 생각해볼까? / ONGC 비데쉬

　그런데 자전거를 타면 어떤 점이 좋을까? 우선 우리 몸이 튼튼해질 테고, 도로에 자동차가 줄어드니까 교통사고도 줄어들고 공기도 깨끗해지겠지. 석유를 개발하는 과정에서 벌어지는 환경 파괴를 막을 수도 있고 말이야. 함께 살펴볼 광고는 자전거가 주는 이점을 단순하고 재미있게 독창적으로 표현하고 있어. 이 광고는 인도 국영 석유회사 ONGC 비데쉬의 'Cycle to save'라는 캠페인이야.

　광고 속 비주얼을 보면 자동차 도로가 서로 복잡하게 교차하고 있는데 한가운데 자동차 도로보다 조금 폭이 좁은 도로로 코뿔소 모습이 이루어져 있어. 그 위로 멋쟁이 신사가 자전거를 여유 있게 타고 있네. 오른쪽 아래에 있는 카피 'Cycle to save'는 '코뿔소를 보호하기 위해 자전거를 타자'로 해석하면 되겠지. 그럼 이 광고는 어떤 속뜻을 갖고 있을까? 자동차에서 나오는 매연은 공해와 지구 온난화의 원인이야. 지구 온난화는 심각한 지구의 기온 변화를 일으키고 이 때문에 자연의 친구들이 살 곳을 잃고 또 개체수가 줄어들고 있어. 이 광고는 자동차 대신 여유롭게 자전거를 이용하면 복잡한 도로를 벗어날 수 있고, 또

ONGC 비데쉬, 인도, 2015년
'Cycle to save' 멸종 위기의 동물을 살리기 위해 자전거를 탑시다.

ONGC 비데쉬, 인도, 2015년
'Cycle to save' 멸종 위기의 동물을 살리기 위해 자전거를 탑시다.

매연을 줄일 수 있을 뿐 아니라 코뿔소처럼 멸종의 위험에 놓인 자연의 친구들을 구할 수도 있다는 메시지를 재미있게 전달하고 있어.

　인도의 ONGC 비데쉬는 원유를 개발하고 또 무역을 통해 인도 국민들이 편리하고 윤택한 생활을 할 수 있도록 돕는 기업이야. 어떤 면에서는 ONGC 비데쉬 같은 기업이야말로 지구 기후 변화를 일으키고 동물들을 위기로 내몰고 있다고도 할 수 있어. 그렇기 때문에 ONGC 비데쉬 같은 기업은 불필요한 기름 사용을 줄여 푸른 별 지구와 자연의 친구들을 보호하자는, 공공의 이익을 위한 캠페인을 벌여야 할 필요가 있지.

## 세 번째 광고를 만들어볼까?

환경 파괴로 가장 큰 피해를 보는 자연의 친구들은 또 누가 있을까? 이 책 '자연의 친구들을 위해 플러그를 뽑아주세요. (프로페덤 140쪽)'에서도 이야기했듯 탄소를 잔뜩 흡수한 바다가 산성화되면서 해양 생태계도 큰 위험에 놓이지. 도시 한복판에 자전거를 타는 행동이 저 멀리 바다의 생태계 보호로 이어질 수 있다는 뜻이야. 이어지는 광고에는 어떤 자연의 친구들이 등장하면 좋을까?

세계의 광고회사가 만든 세 번째 광고

나라마다 두통의 속사정은 다르지만 / 아스피린　▶17쪽

바이엘 아스피린, 브라질, 2010년.
'If it gets stronger, we get stronger.' 두통이 심해지면 아스피린도 강해집니다.

언제 불호령이 떨어질지 모르는 사장님은 세계 어느 나라에서나 어렵고 부담스러운 존재인가 봐. 사장님 때문에 생기는 가벼운 두통에는 아스피린, 어떻게 리액션을 해야 할지 난감하기만 한 사장님의 아재 농담 때문에 생기는 심한 두통은 카피아스피린으로 해결하라는 이야기를 이렇게 단순하고 재미있게 표현했어.

바이엘 아스피린, 브라질, 2010년.
'Dad, Can I borrow some money?', 아빠 돈 좀 꿔주세요?

 '아빠 돈 좀 꿔 주실 수 있어요?' 어느 날 갑자기 열다섯 살 남짓한 자녀가 이렇게 물으면 아빠는 살짝 골치가 아프겠지. 그런데 그게 마흔 다섯 살이 넘은 아들, 딸이라면 아빠는 심장이 마구 뛰고 머리가 부서질 듯 아플 거야. '아빠, 회사 차리게 돈 좀 대 주세요. 아빠, 집 팔아서요.', '아빠, 애들이 커서 큰 아파트로 이사 가야 할 것 같아요. 다음 주까지 2억만 빌려주세요.' 아이고 머리야! 광고는 사소한 두통은 아스피린, 지독한 두통은 카피아스피린으로 해결하라는 뜻이야.

**함께 생각해볼까? / 오모**  ▶ 21쪽

오모, 브라질, 2014년
'People who get dirty changes the world, always get dirty.'
옷을 더럽히는 사람이 세상을 바꿉니다. 언제나 더럽히세요.

　　미국의 세계적인 가수이자 작곡가이며 영화배우로도 활약하고 있는 비욘세 놀스도 이 멋진 광고를 완성하기에 아주 좋은 아이디어네.

**내 여행 가방이 아직 도착하지 않았다고요? / 비자 카드**   ▶29 p.

비자 인피니티 카드, 브라질, 2016년
'You and your luggage don't always go to the same destination'
당신과 당신의 가방이 항상 같은 목적지를 향하는 것은 아닙니다.


　이번에는 자메이카에 도착한 여행자의 트렁크가 스코틀랜드로 가 버렸네. 지도를 펼쳐봐. 자메이카와 스코틀랜드가 얼마나 먼 거리인가? 하지만 걱정하지 마시라. 비자 인피니티 카드의 긴급 서비스가 있으니까!

**함께 생각해볼까? / 한세머쿠어**  ▶ 33p.

한세머쿠어 여행자 보험, 독일, 2015년

    스코틀랜드에서 온 여행자가 자메이카 도로를 달리다 야자수를 들이받았나 봐. 세 번째 광고는 이런 사고를 대비해서라도 한세머쿠어 여행자 보험에 가입해 두라는 메시지야. 앞의 비자 인피니티 카드 광고와 비교해봐. 같은 국기를 소재로 해도 광고는 이렇게 달라질 수 있다는 사실!

**세계의 여행자가 이방인이 되지 않도록 / 에어비앤비**  ▸ 40쪽

에어비앤비. 미국. 2016년. 'Belong Anywhere.' 어디에서도 이방인이 될 필요가 없어요.

    초원이나 반사막에 사는 아르마딜로는 추운 지역에서는 살기 어려워. 또 야행성 동물이라 해가 지고 나서 활동을 시작하지. 좀 까다로운 친구라 숙소 잡기가 쉽지 않아. 그동안 여행은 꿈도 못 꾸었지만, 에어비앤비 덕에 바깥세상 구경을 하게 되었네.

에어비앤비, 미국, 2016년, 'Belong Anywhere.' 어디에서도 이방인이 될 필요가 없어요.

소라 껍데기를 등에 지고 다니는 이런 종류의 거미는 곤충도감에도 나와 있지 않더라고. 혹시 이 거미의 이름을 알고 있니? 아무튼, 광고 속 거미는 잠자리가 꽤 까탈스러운 모양이야. 하지만 에어비앤비라면 불편하게 집과 잠자리를 지고 다닐 필요가 없다는 뜻이지.

**함께 생각해볼까? / 론리 플래닛**   ▶ 45쪽

론리 플래닛, 독일, 2006년, 'Feel at home everywhere.' 어디에서나 내 집처럼.

　세 번째 광고는 아파트 평면도를 그려 넣은 호주 지도야. 론리 플래닛 한 권이면 호주 여행도 우리 집 안방, 거실, 주방을 드나들 듯 편안하고 안전하다는 뜻이겠지.

**깨어 있으라, 위대한 아이디어를 얻을 것이다 / 에레디야** ▶ 53쪽

에레디야 커피, 포르투갈, 2003년
'Strong ideas come for these who stay awake longer'
놀라운 아이디어는 더 오래 깨어 있는 사람에게 떠오른다.

　자본론을 쓰던 카를 마르크스도 커피로 잠을 쫓으며 이 책을 완성했나 봐. 자본론은 19세기 중엽의 영국 자본주의를 비판한 책인데, 한때 우리나라에서는 금서가 되어 마음 놓고 읽지도 못했어. 물론 지금은 청소년들이 읽을 수 있는 자본론도 서점에 나와 있지만 말이야. 이 위대한 사상가도 쏟아지는 잠을 커피로 물리쳤다는 광고 속 이야기는 믿거나 말거나.

에레디야 커피, 포르투갈, 2002년
'Great ideas always come, you just have to stay awake.'
위대한 아이디어는 항상 오기 마련이다. 깨어 있으라.

Just do it. 커피잔 자국 속에 또렷한 이 말은 세계 NO.1 스포츠 브랜드 나이키의 슬로건이야. 나이키는 1988년부터 지금까지 이 슬로건을 쓰고 있는데, 나이키 하면 'Just do it', 'Just do it' 하면 나이키를 생각하게 되지.

이런 슬로건처럼 광고의 멋진 말과 글을 고안하는 사람을 카피라이터Copywriter라고 해. 카피라이터라는 말은 1875년 존 파워스John Powers라는 사람이 처음 쓰기 시작했어. 우리나라에서는 이 카피라이터라는 말이 일반적으로 쓰이기 전에는 '광고 문안가'라는 말을 대신 썼어. 광고 비주얼을 다루는 디자이너, 아트 디렉터 역시 처음에는 '광고 도안가'로 불렸지.

광고회사 사람들은 커피를 무척 좋아해. 아마 이 슬로건을 쓴 카피라이터도 커피의 힘을 빌려 잠을 쫓으며 이 세기의 슬로건을 완성한 모양이네. 다른 광고도 더 살펴볼까?

수학 공식이 빽빽한 종이들 사이 동그란 커피잔 자국 안에 특수상대성 이론의 질량에너지 등가원리 공식이 한눈에 들어오지? 생각나는 대로 써 내려간 낙서와 메모 사이 커피잔 자국 안에 세계 어린이의 친구 미키 마우스가 또렷해. 아마 이 위대한 발상의 순간에 아인슈타인과 월트 디즈니도 커피로 잠을 쫓고 있었나 봐. 물론 믿거나 말거나.

아래에 있는 또 다른 광고를 보면 돈키호테Don Quixote부터 모비 딕 Moby Dick까지 잠을 줄이면 읽을 수 있는 책이 이렇게나 많네. 잠을 줄이면 할 수 있는 일이 또 무엇이 있을까? 더 많은 여행지를 다녀올 수 있고 더 많은 콘서트에 갈 수도 있겠지. 우루과이의 수도이자 아름다운 항구인 몬테비데오 Montevideo부터 미국 플로리다의 키 비케인 Key Bicane까지, 미국의 재즈 가수 노라 존스Norah Jones부터 스웨덴의 록 가수 이글 아이 체리Eagle-Eye-Cherry까지, 에레디야 커피로 잠을 좀 줄이면 다녀올 여행지와 콘서트가 이렇게나 많대. 물론 건강을 해치거나 다음 날 생활에 지장을 줄 만큼 수면 시간을 줄이라는 뜻은 아니겠지.

에레디야 커피, 포르투갈, 2007년
'Indicate the books you've read.' 당신이 읽은 책들을 체크해보세요.
'You lose ⅓ of your life sleeping. Time to wake up.'
인생의 1/3을 잠자는 데 소비합니다. 깨어있을 시간입니다.

에레디야 커피, 포르투갈, 2007년
'Indicate the places you've visited.' 당신이 여행한 곳들을 체크해보세요.
'You lose ⅓ of your life sleeping. Time to wake up.'
인생의 1/3을 잠자는 데 소비합니다. 깨어있는 시간입니다.

함께 생각해볼까? / 네스카페 인스턴트 에스프레소 ▶ 58쪽

네스카페, 노르웨이, 2013년
'The instant espresso.'
간편하게 즐기는 에스프레소.

　이런! 고흐도 눈이 왕방울만 해졌네. 고흐는 자신의 자화상을 유난히 많이 그린 화가야. 이 가난하고 외로운 화가는 자기 말고는 그림 그릴 대상을 구하기 힘들었다고 해. 아무튼, 고흐의 자화상은 세계 광고에 단골처럼 자주 등장해.

### 빨간 사과의 유혹에도 걱정 마세요 / 지프  ▶ 64쪽

Jeep, 볼리비아, 2014년
'No more danger on the road,' 더 이상 길 위에 위험은 없습니다.
'The highest features for the adventurous family,'
모험을 좋아하는 가족을 위한 가장 뛰어난 안전 사양.

　　세 번째 광고는 동화 『빨간 망토 소녀』를 소재로 했어. 편찮으신 할머니께 음식을 드리러 가는 빨간 망토 소녀를 노리고 있는 늑대를 우리에 가둬 놓았어. 자, 그럼 이 길은 안심할 수 있겠지.

**함께 생각해볼까? / 프레도 아이스크림**  ▶ 69쪽

프레도 아이스크림, 아르헨티나, 2017년
'Once upon an icecream.' 옛날 옛적 프레도라는 아이스크림이 있었어요.

    짚으로 집을 지은 첫째 돼지, 나무로 집을 지은 둘째 돼지 그리고 벽돌로 집을 지은 셋째 돼지. 세 번째 광고는 유럽의 동화『돼지 삼형제』를 소재로 하고 있어. 동화 속에서는 늑대가 입김으로 첫째 돼지 집을 날려버리지만, 광고에서는 프레도 아이스크림 하나로 둘 사이가 부드러워졌나 봐.

함께 생각해볼까? / 옴산 로직스  ▸ 82쪽

옴산 로직스, 튀르키예(터키), 2015년
'The world is closer with OMSAN.' 옴산과 함께라면 세계는 더 가깝습니다.

　광고 속의 두 나라는 러시아와 불가리아야. 두 나라 모두 슬라브 민족이 세운 범 슬라브 국가지. 범 슬라브 국가들 가운데는 빨강, 하양, 파랑 삼색 띠의 배열과 문장만 달리한 삼색기를 국기로 사용하는 나라들이 많아. 불가리아는 예외적으로 파랑 대신 초록을 쓰고 있어.

**당신이 생명보험에 가입해야 하는 이유 / 알리안츠**  ▶ 90쪽

알리안츠 생명보험, 독일, 2008년
'This is not a banana peel. This is a malicious back bruiser. Hopefully Allianz.'
이것은 바나나 껍질이 아닙니다. 악의에 가득 찬 덩치 큰 불량배입니다.
바라건대, 알리안츠 생명보험에 가입하십시오.

본문을 잘 읽었다면 이 광고가 말하려는 내용이 무엇인지 알 거야. 세 번째 광고는 길을 걷다 바나나 껍질을 잘못 밟아 미끄러지는 사고, 네 번째 광고는 느닷없이 하늘에서 날아온 기왓장에 맞는 사고를 소재로 하고 있어.

알리안츠 생명보험, 독일, 2008년
'This is not a roof tile. This is a painful bump provocateur. Hopefully Allianz.'
이것은 지붕 타일이 아닙니다. 고통스러운 비명을 외치도록 하는 것입니다.
바라건대, 알리안츠 생명보험에 가입하십시오.

**함께 생각해볼까? / 세계자연기금 WWF**  ▶94쪽

세계자연기금, 폴란드, 2015년
'Ceci n'est pas un portefeuille, 이것은 지갑이 아닙니다.'

세계자연기금 WWF(World Wide Fund for Nature)의 활동에 대해서 이해하고 있다면 세 번째 광고 속 '지갑'이 단순히 '지갑'으로만 보이지 않을 거야. 광고 속 지갑은 밀렵 사냥꾼의 손에 죽은 악어를 통해 개체 수 감소와 멸종, 인간의 탐욕이 빚는 자연의 위기를 소리 없이 외치고 있어.

### 시간 없고 돈 없는 사람들의 음식, 패스트푸드 / 리오 그란데 ▶102쪽

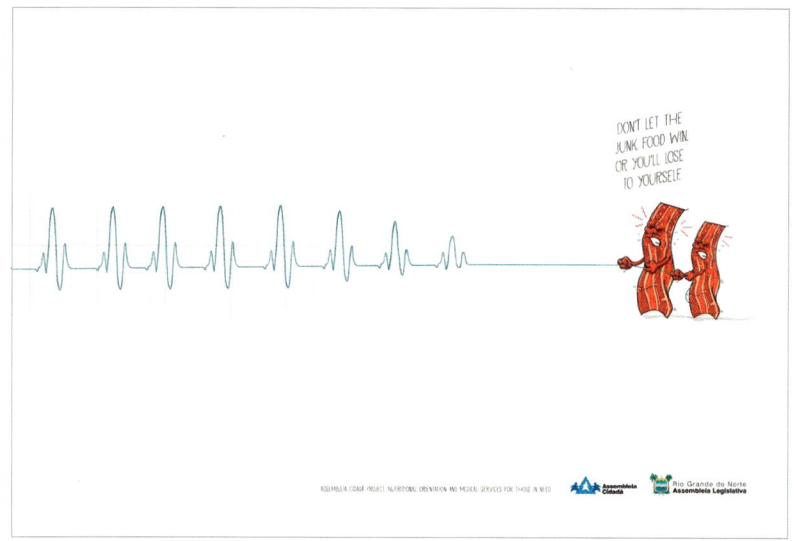

리오 그란데 도 노르테 주 의회, 브라질, 2013년
'Don't let the junk food win or you'll lose to yourself.' 정크 푸드에 지면 건강을 잃습니다.
'Nutritional, orientation and medical services for those in need.'
도움이 필요한 사람들을 위한 영양, 교육 및 의료 서비스

    세 번째 광고는 베이컨을 소재로 했네. 베이컨은 돼지고기를 소금에 절여 만들어서 지나치게 많은 나트륨을 섭취할 우려가 있어. 또 제조 과정에서 들어가는 방부제와 식품 첨가제로 건강을 해칠 수 있어서 먹을 때 각별히 주의할 필요가 있는 식품이거든.

### 함께 생각해볼까? / PeTA  ▶106쪽

PeTA(People for the Ethical Treatment of Animals 동물권익 NGO), 인도, 2006년
'Over 1,500 whales are killed every year to feed your greed for fuel, fertilizers and crayons. So who's to blame if the whale goes extinct soon; the whaler or you?'
당신의 탐욕 때문에 해마다 죽는 1,500마리 이상의 고래가 연료, 비료와 크레용이 되고 있습니다. 곧 고래가 멸종되면 누가 비난받을까요? 포경선일까요? 당신일까요?

　　세 번째 광고의 소재는 고래야. 고래는 불법 포경으로 개체 수 감소가 아주 심각한 바다의 친구지. '동물을 윤리적으로 대우하는 사람들'이라는 뜻을 가진 PeTA의 활동을 알고 있다면 이 광고가 하려는 이야기를 잘 이해할 수 있을 거야.

### 너희가 악당들과 싸우는 동안 엄마는 심장이 콩닥콩닥 / 알레만 병원  ▶114쪽

알레만 병원, 아르헨티나, 2007년
'Children's Health Insurance Plan'
자녀들의 건강보험 계획

　이런, 배트맨이 오른팔에 부상을 입었네. 막강한 악당을 상대한 걸까 아니면 벽을 뚫고 돌진하려다 사고가 난 걸까? 아무튼 이 광고를 보면 엄마, 아빠는 언제 어떤 일이 일어날지 모르는 자녀들을 위해 건강보험을 들어 놓아야 할 것 같아.

함께 생각해볼까? / 푸르덴셜 은퇴연금 보험   ▶ 118쪽

푸르덴셜 은퇴보험, 미국, 2006년
'Nodody's immortal Start Planning.' 죽지 않는 사람은 없습니다. 은퇴 후의 계획을 세우세요.

    가엽게도 이번에는 흰 턱수염의 늙은 배트맨이 쓰레기통을 뒤지고 있어. 고담시의 억만장자 배트맨도 노후 준비는 잘하지 못한 모양이야. 앞의 광고와 비교해 볼까? 배트맨을 똑같이 소재로 하더라도 광고는 서로 이렇게 달라질 수도 있네.

**랜드마크, 한 도시의 기록 / 스트림라이트**  ▶124쪽

스트림라이트 토치, 태국, 2006년

프랑스 에펠탑이 비친 곳은 이집트 피라미드. 어차피 광고가 허용하는 자유로운 상상이라면 저 멀리 달 분화구에 우리나라 남대문 그림자가 보이는 아이디어도 멋질 것 같지 않니?

**함께 생각해볼까? / 페덱스**  ▶127쪽

페덱스, 미국, 2009년

왼쪽은 프랑스 파리의 개선문, 오른쪽은 일본의 세계유산 이쓰쿠시마 신사의 문이야. 문이라는 공통점으로 두 개의 소재를 한 화면에 결합했어. 우리나라 왕릉에 가면 볼 수 있는 홍살문도 멋진 소재가 될 수 있을 것 같구나.

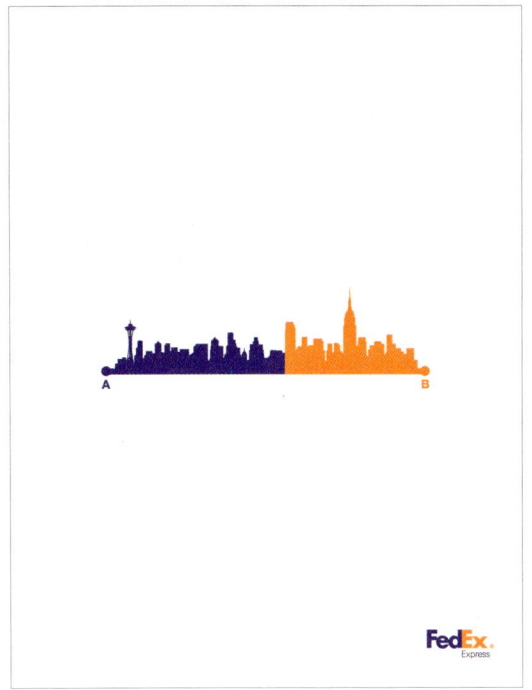

페덱스, 미국, 2009년

 하늘을 배경으로 하는 도시 높은 건물들의 외곽선을 뜻하는 스카이라인도 멋진 랜드마크가 될 수 있어. 왼쪽은 동방명주 빌딩이 우뚝 솟은 중국 상하이의 스카이라인, 오른쪽은 엠파이어 스테이트 빌딩이 지키고 있는 뉴욕의 스카이라인이야. 이 세 번째 광고의 메시지도 잘 알겠지. 물론, 남산 위의 서울 타워가 우뚝 서 있는 서울의 스카이라인도 멋진 랜드마크야.

## 코 앞까지 바짝 당겨보자 / 라이카 망원경  ▶135쪽

라이카 망원경, 스위스, 2005년
'Get close. With the Ultravid from Leica.' 라이카 울트라비드 망원경으로 더 가까워지세요.

세 번째 광고에는 코끼리 다음으로 덩치가 큰 육상 동물, 코뿔소가 등장하네. 코뿔소는 아프리카와 아시아 남부에 주로 살고 있는데 뿔과 가죽을 노리는 밀렵꾼들에 의해 멸종 위기에 놓여 있어. 코뿔소라는 이름 때문에 '소'과의 동물로 알지만, 사실은 '말'의 먼 친척이야.

**함께 생각해볼까? / 미라클 플라이트**  ▶1439쪽

미라클 플라이트, 미국, 2016년
'We have a cure for distance.
Our mission is to fly children to the distance specialized medical care they need.
We're celebrating our 100,000 flight.'
우리는 먼 거리의 문제도 치료합니다.
우리의 사명은 아이들이 전문적인 치료를 받을 수 있도록 비행기로 옮기는 것입니다.
우리는 10만 번의 비행을 달성했습니다.

　　세 번째 광고에서는 일회용 밴드로 미국 동부와 서부를 바짝 붙였어. 먼 거리 때문에 치료받지 못하는 희소성 질환 환자들을 위해 미라클 플라이트가 하는 일을 잘 알겠지?

**자연의 친구들을 위해 플러그를 뽑아주세요 / 프로페덤**  ▶145쪽

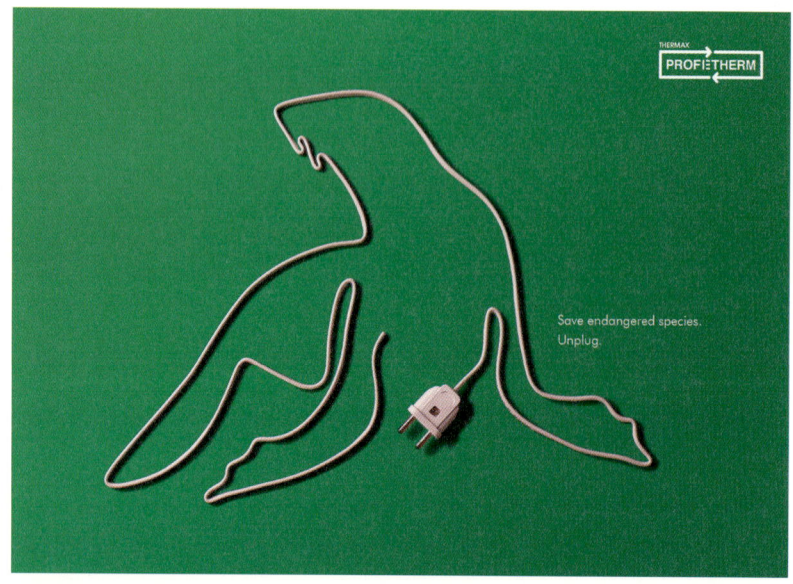

프로페덤, 인도, 2014년
'Save endangered species. Unplug.'
위험에 빠진 자연의 친구들을 구해주세요. 플러그를 빼주세요.

북극의 찬 바다에 사는 바다표범도 지구 온난화의 피해자야. 빙하가 점점 사라지면서 살 곳을 잃고 있거든. 첫 번째, 두 번째 광고와 마찬가지로 전선과 플러그만으로 메시지를 간단하고 정확하게 표현하고 있지.

### 함께 생각해볼까? / 세계자연기금 핀란드 본부  ▶149쪽

세계자연기금 WWF 핀란드 본부, 핀란드, 2007년
'You can help. Stop global warming', 당신은 도울 수 있습니다. 지구온난화를 멈춰주세요.
'Animals around the world are losing their habitats due to climate change. By turning off your TV, stereo and computer when not using them, you can help prevent this. Take action right now.
기후변화 때문에 동물들이 서식지를 잃어가고 있습니다. 사용하지 않을 때 TV, 스테레오, 컴퓨터를 끈다면 이런 일을 막을 수 있습니다. 지금 당장 행동해 주세요.

세계자연기금 핀란드 본부가 제작한 세 번째 광고의 주인공도 바다표범이야. 떠돌이 노숙자 바다표범이 공원 벤치에서 신문지를 덮고 자고 있어. 앞서 살펴본 광고와 달리 다소 설명적이지만 무척 재미있는 발상이지 않니?

**길바닥은 울퉁불퉁 바꾸는 투덜투덜 / 미쉐린**  ▶ 156쪽

미쉐린, 프랑스, 2014년
'We make maps so that you can look elsewhere.' 당신이 다른 곳에서나 볼 수 있는 지도를 만듭니다.

콜롬비아, 파라과이, 터키(튀르키예), 미국의 평지와 산악 지대가 뒤섞여 있는 이 지도 역시 세상에는 존재하지 않아. 하지만 편안하고 안전한 주행을 책임지는 미쉐린이라면 세상에 없는 이런 곳(뒤집어 해석하면 세상의 모든 곳)에서조차 특별한 드라이빙을 경험할 수 있다는 뜻이지.

**함께 생각해볼까? / 굿이어 타이어**  ▶160쪽

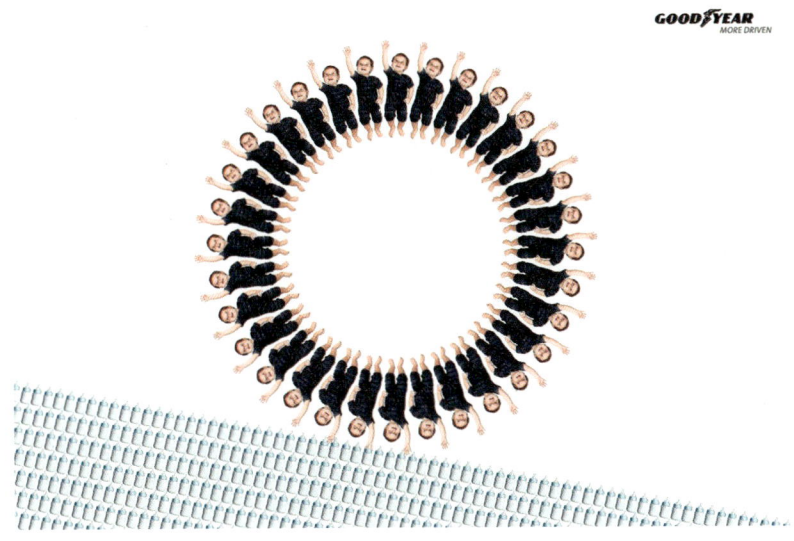

굿이어 타이어, 브라질, 2012년

　우유병과 아가, 축구 선수와 공, 연어와 곰에 이어 아주 재치 있게 표현한 굿이어 타이어의 세 번째 광고야.

## 진주 귀걸이 소녀를 일등석으로 모십니다 / 웰터퓨러 ▶167쪽

웰티퓨러, 스위스, 2015년
'Finest Art Transport, welti-furrer.' 최고의 예술품 운송회사. 웰티푸러

잘린 귀를 붕대로 칭칭 감은 고흐가 일등석에 앉아 있어. 정신병을 앓던 고흐는 스스로 자른 왼쪽 귀를 수건에 싸서 동네의 한 여성에게 주었는데 그 여성은 그 자리에서 기절했다고 해. 동생 테오의 약혼 소식을 듣고 고흐는 이런 엽기적인 일을 벌였는데, 동생이 가정을 꾸리면 자신에게 생활비를 보내 주기 힘들 것이라는 걱정 때문이었다고 고흐를 연구하는 사람들은 말해.

**함께 생각해볼까? / 미술관 야간개장** ▸ 173쪽

박물관 야간 개장, 크로아티아, 2018년

밤을 상징하는 동물로는 귀깃이 쫑긋 솟은 부엉이가 있잖니? 그래서 밤과 관련한 제품이나 서비스 광고에는 부엉이가 자주 등장해. 박물관 야간 개장을 알리는 광고에서도 예외는 아냐. 이 광고는 동부 유럽 크로아티아 전 지역의 박물관 야간 개장을 알리고 있어. 박물관 야간 개장은 2015년부터 크로아티아 문화부가 중심이 되어 벌이고 있어. 미술 작품에만 한정되는 것이 아니라 전시, 콘서트, 강연 등 다양한 행사가 참여하고 있다고 해. 그럼 오선지 위에 나란히 앉아 있는 부엉이 중 한 마리가 거꾸로 있는 이유를 알겠지?

나는 오케스트라의 어떤 악기일까? / 취리히 실내 오케스트라  ▶ 180쪽

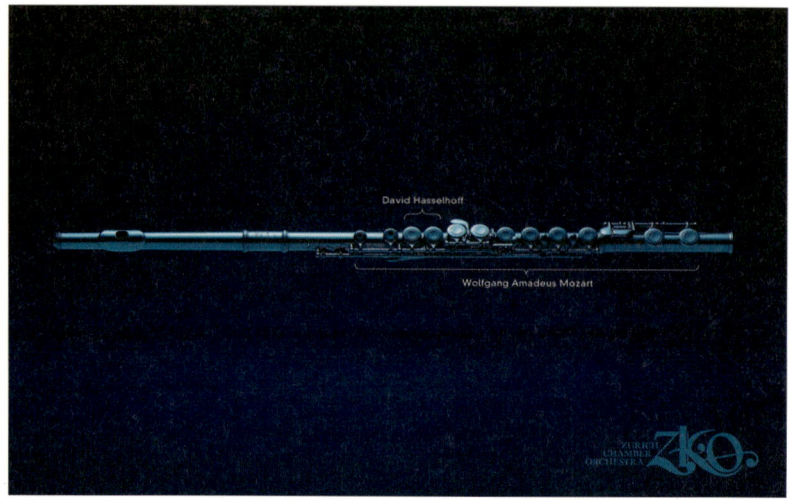

취리히 체임버 오케스트라, 스위스, 2010년

광고 속 플루트 두 개의 키 위에는 미국의 배우이며 가수 데이비드 하셀호프David Hasselhoff, 모든 키 위에는 볼프강 아마데우스 모차르트 Wolfgang Amadeus Mozart의 이름이 있어. 악기만 살짝 바꾼 세 번째 광고의 메시지도 잘 알겠지?

**함께 생각해볼까? / 다버 소화제**  ▶ 183쪽

다버 소화제, 인도, 2015년

뚱뚱한 아주머니 뱃속에는 모양은 트럼펫과 유사하지만, 음색은 프렌치호른과 비슷한 플뤼겔호른Flugelhorn이 있네. 배불뚝이 아저씨와 젊은 여자에 이은 세 번째 광고도 독특하고 재미있구나.

## 나무 한 그루를 베면 나무 한 그루를 심습니다 / Pefc  ▸ 189쪽

PEFC(산림인증승인 프로그램), 멕시코, 2013년
'The Mexican rainforest is under threat. Choose PEFC certified wood products.'
멕시코 열대우림이 위협받고 있습니다. PEFC인증 목재제품을 선택해주세요.

PEFC(산림인증승인 프로그램), 멕시코, 2013년
'The Congo rainforest is under threat. Choose PEFC certified wood products.'
콩고 열대우림이 위협받고 있습니다. PEFC인증 목재제품을 선택해주세요.

PEFC(산림인증승인 프로그램), 네덜란드, 2013년
'The Gabon rainforest is under threat. Choose PEFC certified wood products.'
가봉 열대우림이 위협받고 있습니다. PEFC인증 목재제품을 선택해주세요.

PEFC(산림인증승인 프로그램), 네덜란드, 2013년
'The Bolivian rainforest is under threat. Choose PEFC certified wood products.'
볼리비아 열대우림이 위협받고 있습니다. PEFC인증 목재제품을 선택해주세요.

**함께 생각해볼까?** / 프로 내츄라  ▶ 192쪽

프로 내츄라, 멕시코, 2014년
'Destruction of forests is the destruction of life.'
숲을 파괴하는 것은 생명을 파괴하는 것입니다.


　이런, 세 번째 광고에서는 숲의 또 다른 주인 늑대도 베어진 숲과 함께 사라지고 있네.

### 온종일 쫓고 쫓기는 두 바퀴 / 부에노스아이레스 시  ▶ 201쪽

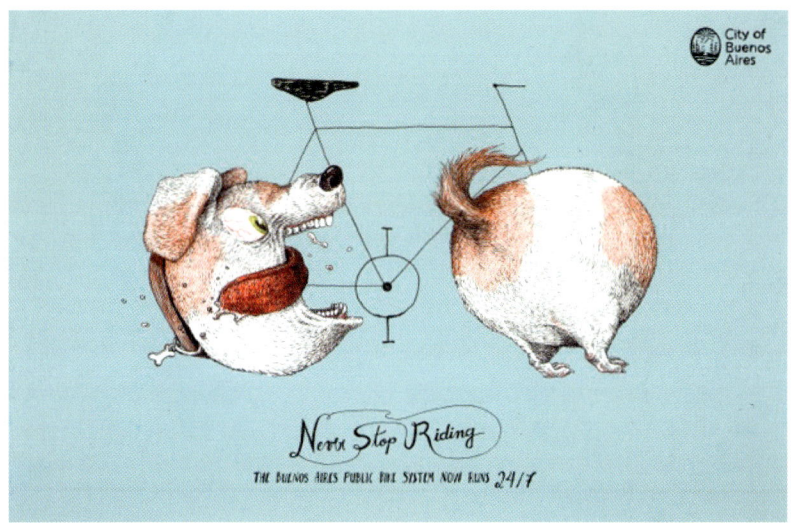

부에노스아이레스 시 공공 자전거, 아르헨티나, 2016년
'The Buenos Aires public bike system now runs 24/7.'
부에노스아이레스의 공공 자전거 시스템은 연중무휴(하루 24시간, 주 7일) 운영합니다)

왜 강아지는 자기 꼬리를 물려고 제자리에서 뱅글뱅글 도는 걸까? 세 번째 광고의 주인공은 강아지야. 우습지만 재미있는 아이디어지?

부에노스아이레스 시 공공 자전거, 아르헨티나, 2016년
'The Buenos Aires public bike system now runs 24/7.'
부에노스아이레스의 공공 자전거 시스템은 연중무휴(하루 24시간, 주 7일) 운영합니다)

불만 보면 달려드는 불나방과 전구도 쫓고 쫓기는 소재로 좋구나. 누구나 재미있다고 할 소재를 활용하는 것도 광고의 독창성을 높이는 일이거든.

**함께 생각해볼까? / ONGC 비데쉬**  ▶206쪽

 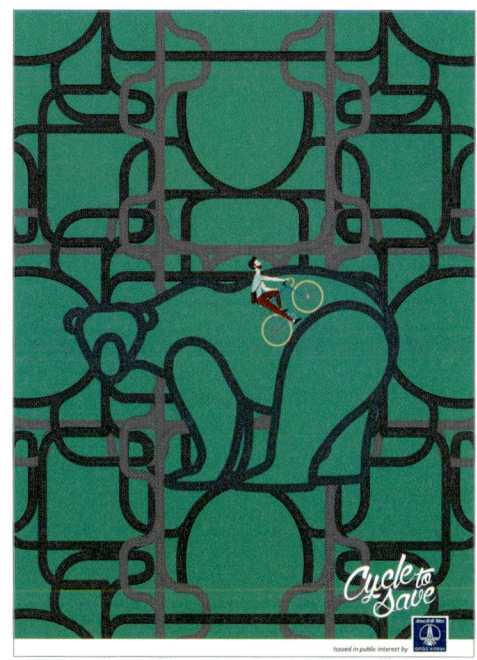

ONGC 비데쉬, 인도, 2015년
'Cycle to save' 멸종 위기의 동물을 살리기 위해 자전거를 탑시다

　　인도 국영 석유회사 ONGC 비데쉬의 'Cycle to save(멸종 위기의 동물을 살리기 위해 자전거를 탑시다.)' 캠페인에는 인도 코뿔소와 오랑우탄뿐 아니라 남극의 신사 펭귄과 북극곰도 등장해. 자동차 매연으로 인한 환경 문제와 멸종 위기에 처한 동물의 문제는 지구 어느 한 지역에서만 일어나는 문제가 아니기 때문이지.

# 참고자료

50개의 키워드로 읽는 자동차 이야기 - 슈퍼카에서 수소자동차까지 / 김우성 지음 / 미래의창 / 2015년 09월
NGO 가이드 / 조희연 외 지음 / 한겨레신문사 / 2001년 08월
WWF 코리아 웹사이트 www.wwfkorea.or.kr
갈릴레오의 두 우주 체계에 관한 대화 - 태양계의 그림을 새로 그리다 / 오철우 지음 / 사계절 / 2009년 07월
갈릴레오의 딸 - 위대한 과학자를 완성시킨 비밀의 기록 / 데이바 소벨 지음 / 홍현숙 옮김 / 웅진지식하우스 / 2012년 12월
건축 교양이 되다 - 모두가 한 번쯤 궁금해했던 건축 이야기 / 이석용 지음 / 책밥 / 2016년 10월
건축 인문의 집을 짓다 / 양용기 지음 / 한국문학사 / 2014년 02월
공유경제는 어떻게 비즈니스가 되는가 - 우리가 알고 있던 소유와 공존의 패러다임 / 앨릭스 스테파니 지음 / 위대선 옮김 / 한스미디어 / 2015년 11월
과자 내 아이를 해치는 달콤한 유혹 / 안병수 지음 / 국일미디어 / 2005년 05월
교회의 적, 과학의 순교자 갈릴레오 / 마이클 화이트 지음 / 김명남 옮김 / 사이언스북스 / 2009년 04월
국기에 그려진 세계사 - 콩이와 함께하는 35개국 역사 여행 / 김유석 지음 / 김혜련 그림 / 틈새책방 / 2017년 03월
나무는 어떻게 지구를 구할까? - 생태계를 지키는 녹색 친구 나무 이야기 / 니키 테이트 지음 / 현혜진 옮김 / 초록개구리 / 2017년 05월
낡고 오래된 것들의 세계사 / 데이비드 에저턴 지음 / 정동욱 옮김 / 휴먼사이언스 / 2015년 01월
내 약 사용설명서 - 의사 약사도 궁금해 하는 약의 모든 것 / 이지현 지음 / 세상풍경 / 2016년 07월
네덜란드 벨기에 미술관 산책 - 반 고흐 베르메르 마그리트와 함께하는 미술 기행 / 김영숙 지음 / 마로니에북스 / 2013년 05월
누가 지구를 죽였는가 - 인류가 직면한 최대 위기 / 클라이브 해밀턴 지음 / 홍상현 옮김 / 이책 / 2013년 10월
대한신경학회 홈페이지
데드라인에 선 기후 - 과학자들은 왜 기후변화의 티핑 포인트를 두려워하는가 / 프레드 피어스 지음 / 김혜원 옮김 / 에코리브르 / 2009년 04월
달리는 기차에서 본 세계 : 기관사와 떠나는 철도 세계사 여행 / 박흥수 지음 / 후마니타스 / 2015년 12월돈의 거의 모든 것 - 돈의 복잡한 시스템을 한 권으로 이해한다 / 대니얼 코나한, 댄 스미스 지음 / 박수철 옮김 / 원앤원북스 / 2013년 11월
돈의 발명 - 유럽의 금고 이탈리아, 금융의 역사를 쓰다 / 알레산드로 마르초 마뇨 지음 / 김희정 옮김 / 책세상 / 2015년 06월
랜드마크; 도시들 경쟁하다 - 수직에서 수평으로 랜드마크의 탄생과 진화 / 송하엽 지음 / 효형출판 / 2014년 02월

론리 플래닛 스토리 - 무일푼의 20대 히피부부 세계에서 가장 유명한 여행책을 만들다 / 토니 휠러, 모린 휠러 지음 / 김정우 옮김 / 컬처그라퍼 / 2011년 10월
르네 마그리트 / 마르셀 파케 지음 / 김영선 옮김 / 마로니에북스 / 2008년 06월
맛있는 햄버거의 무서운 이야기 - 패스트푸드에 관해 알고 싶지 않은 모든 것 / 에릭 슐로서, 찰스 윌슨 지음 / 노순옥 옮김 / 모멘토 / 2007년 11월
모두를 위한 아리스토텔레스 - 쉽게 풀어낸 어려운 생각 / 모티머 J. 애들러 지음 / 김인수 옮김 / 마인드큐브 / 2016년 01월
바퀴 세계를 굴리다 -: 바퀴의 탄생, 몰락, 그리고 부활 / 리처드 불리엣 지음 / 소슬기 옮김 / MID / 2016년 11월
바퀴의 역사가 궁금해! - 멋진 자동차를 좋아하는 우리 아이 / 글터 반딧불 지음 / 장경섭 그림 / 이론과실천 / 2017년 03월
베르메르 매혹의 비밀을 풀다 / 고바야시 요리코 외 지음 / 최재혁 옮김 / 돌베개 / 2005년 02월
베르메르 방구석에서 그려낸 역사 / 귀스타브 반지프 지음 / 정진국 옮김 / 글항아리 / 2009년 02월
보이는 것과 보이지 않는 것 / 마틴 켐프 저 / 오숙은 역 / 을유문화사 / 2010년 02월 25일
빙하 거대한 과학의 나라 / 홍성민 지음 / 봄나무 / 2006년 02월
브랜드를 알면 자동차가 보인다 / 김흥식 지음 / 살림 / 2013년 02월
빅 스몰 - 인터넷과 공유경제가 만들어낸 백만 개의 작은 성공 / 김상훈 지음 / 자음과모음 / 2012년 07월
서양미술사 / E.H. 곰브리치 지음 / 최민 옮김 / 열화당 / 1994년 6월
서양미술사를 보다 - 이미지와 스토리텔링의 미술 여행 / 양민영 지음 / 리베르스쿨 / 2013년 12월
선생님 클래식이 뭐예요 - 쉽게 풀어 쓴 클래식 음악 이야기 / 윤희수 지음 / 가람누리 / 2013년 07월
설탕 커피 그리고 폭력 - 교역으로 읽는 세계사 산책 / 케네스 포메란츠 외 지음 / 박광식 옮김 / 심산 / 2003년 07월
세계 문학 속 지구환경 이야기- 문학으로 지구를 읽고 환경으로 문학을 읽는다 / 이시 히로유키 지음 / 안은별 옮김 / 사이언스북스 / 2013년 08월
세계 신화 사전 / 낸시 헤더웨이 지음 / 신현승 옮김 / 세종서적 / 2004년 04월
세계의 오케스트라 - 세계 음악계를 이끌어가는 30개 오케스트라의 탄생과 발자취 / 헤르베르트 하프너 지음 / 홍은정 옮김 / 경당 / 2011년 12월
세상에서 젤 새콤달콤한 화학책 / 최미화 지음 / 장정오 그림 / 씽크하우스 / 2008년 01월
섹스 폭탄 그리고 햄버거 - 전쟁과 포르노 패스트푸드가 빚어낸 현대 과학기술의 역사 / 피터 노왁 지음 / 이은진 옮김 / 문학동네 / 2012년 03월
슈퍼 히어로 / 한창완 지음 / 커뮤니케이션북스 / 2013년 02월
슈퍼 히어로 미국을 말하다 / 마크 웨이드 지음 / 하윤숙 옮김 / 잠 / 2010년 03월
슈퍼 히어로 영화의 스토리텔링 - 슈퍼히어로 영화의 스토리텔링 전략을 파헤친다 / 이현중 지음 / 박이정 / 2017년 11월
아스피린의 역사 / 다이어무이드 제프리스 지음 / 김승욱 옮김 / 동아일보사 / 2007년 01월
아이스크림의 지구사 - 식탁 위의 글로벌 히스토리 / 로라 B. 와이스 지음 / 김현희 옮김 / 휴머니스트

/ 2013년 08월
어쩌다 네덜란드에서 살게 된 한 영국 남자의 시시콜콜 네덜란드 이야기 / 벤 코츠 지음 / 임소연 옮김 / 미래의창 / 2016년
에어비앤비 스토리 - 어떻게 가난한 세 청년은 세계 최고의 기업들을 무너뜨렸나? / 레이 갤러거 지음 / 유정식 옮김 / 다산북스 / 2017년 06월
역사를 바꾼 17가지 화학이야기 / 페니 르 쿠터, 제이 버레슨 지음 / 곽주영 옮김 / 사이언스북스 / 2014년 08월 / 2007년 01월 1쇄
역사를 수 놓은 발명 250가지 / 토마스 J. 크로웰 지음 / 박우정 옮김 / 현암사 / 2011년 1월
오케스트라 / 파울 베커 지음 / 김용환, 김정숙 외 옮김 / 음악세계 / 2003년 08월
왜 아마존이 파괴되면 안 되나요 / 이아언 지음 / 손진주 그림 / 참돌어린이 / 2012년 05월
욕망의 코카콜라 / 김덕호 지음 / 지호 / 2014년
월간 숲 4월호 (2008년)
위대하고 위험한 약 이야기 - 질병과 맞서 싸워온 인류의 열망과 과학 / 정진호 지음 / 푸른숲 / 2017년 08월
유혹하는 플라스틱 - 신용카드와 성형수술의 달콤한 거짓말 / 로리 에시그 지음 / 이재영 옮김 / 이른아침 / 2014년 02월
음식의 발견 - 먹기 전에 꼭 알아야 할 48가지 건강 지식 / 하상도 지음 / 북뱅 / 2015년 08월
이것이 세계의 성공한 광고캠페인 / 이낙운 지음 / 모아 / 1994년 11월
이탈리아 이탈리아 . 김영석의 인문기행 / 김영석 지음 / 열화당 / 2014년
인권도 난민도 평화도 환경도 NGO가 달려가 해결해 줄게 / 이혜영 지음 / 소복이 그림 / 사계절 / 2014년 01월
읽으면 바로 돈 되는 신용카드 경제학 / 박정룡 지음 / 스마트비즈니스 / 2008년 03월
자동차가 부릉부릉 / 명로진 지음 / 김영사 / 2000년 04월
자동차와 민주주의 - 자동차는 어떻게 미국과 세계를 움직이는가 / 강준만 지음 / 인물과사상사 / 2012년 03월
자전거 타는 사람들 - 자전거 라이딩 그들이 말하는 그 매혹적인 중독 / 에이미 워커 지음 / 주덕명 옮김 / 함께북스 / 2015년 09월
자전거의 즐거움 - 두 바퀴 위의 행복에 관한 모든 것 / 로버트 펜 지음 / 박영준 옮김 / 책읽는수요일 / 2015년 02월
재미있는 자전거 이야기 / 장종수 지음 / 자전거생활 / 2011년 03월
중세와 토마스 아퀴나스 / 박주영 지음 / 살림 / 2015년 05월
차라리 아이를 굶겨라 / 다음을지키는엄마모임 지음 / 시공사 / 2000년 12월
책과 세계 / 강유원 지음 / 살림 / 2004년
처음 읽는 서양 철학사 - 서양의 대표 철학자 40인과 시작하는 철학의 첫걸음 / 안광복 지음 / 어크로스 / 2017년 02월
청소년을 위한 서양미술사(개정판) - 쉽고 재미있는 서양 미술의 역사 / 도병훈 지음 / 두리미디어 / 2010년 07월
커피가 돌고 세계사가 돌고 / 우스이 류이치로 지음 / 김수경 옮김 / 북북서 / 2008년 11월

커피인문학 – 커피는 세상을 어떻게 유혹했는가 / 박영순 지음 / 유사랑 그림 / 인물과사상사 / 2017년 09월
커피의 역사 – 커피의 탄생과 향기로운 발걸음 / 하인리히 E. 야콥 지음 / 박은영 옮김 / 우물이있는집 / 2005년 05월
코페르니쿠스의 연구실 – 우주의 역사를 뒤바꾼 위대한 상상의 요람 / 데이바 소벨 지음 / 장석봉 옮김 / 웅진지식하우스 / 2012년 12월
패스트푸드의 제국 / 에릭 슐로서 지음 / 김은령 옮김 / 에코리브르 / 2001년 08월
피자는 어떻게 세계를 정복했는가 / 파울 트룸머 지음 / 김세나 옮김 / 더난출판사 / 2011년 04월
피자의 지구사 / 캐럴 헬스토스키 지음 / 김지선 옮김 / 휴머니스트 / 2011년 11월
하워드 구달의 다시 쓰는 음악 이야기 / 하워드 구달 지음 / 장호연 옮김 / 뮤진트리 / 2015년 05월
한눈에 보고 단숨에 읽는 일러스트 철학사전 / 다나카 마사토 지음 / 이소담 옮김 / 21세기북스 / 2016년 04월

* 이 책은 교육적인 목적으로 세계 여러 나라에서 집행된 광고들을 통해 광고의 사례와 그 의도를 설명하기 위하여 광고 이미지를 소개하고 있습니다. 이는 저작권의 면책 사항에 해당하므로 양해해 주시기 바랍니다.
* 일부 이미지는 고화질의 파일을 도저히 구할 수 없어 화질이 다소 떨어지는 점을 이해해 주시기 바랍니다.
* 광고와 관련된 내용을 설명하기 위해 사실 관계를 정확하게 확인하려고 노력했습니다. 하지만 혹시라도 사실과 다르거나 부적절한 인용이 있을 수도 있습니다. 그렇다면 지적해주시기 바랍니다. 수정하고 보완해서 더 나은 저작물이 되는데 보탬이 되도록 하겠습니다.

## 광고로 읽는
## 인문학

**초판1쇄 발행** 2023년 2월 20일

**지은이** 백승곤
**펴낸이** 홍종화

**편집·디자인** 오경희·조정화·오성현·신나래
　　　　　박선주·이효진·정성희
**관리** 박정대

**펴낸곳** 민속원
**창업** 홍기원
**출판등록** 제1990-000045호
**주소** 서울 마포구 토정로 25길 41(대흥동 337-25)
**전화** 02) 804-3320, 805-3320, 806-3320(代)
**팩스** 02) 802-3346
**이메일** minsok1@chollian.net, minsokwon@naver.com
**홈페이지** www.minsokwon.com

ISBN　978-89-285-1814-2　03320

ⓒ 백승곤, 2023
ⓒ 민속원, 2023, Printed in Seoul, Korea

이 책은 저작권법에 따라 보호를 받는 저작물이므로 무단전재와 복제를 금합니다.
이 책 내용의 전부 또는 일부를 이용하려면 반드시 저작권자와 출판사의 서면동의를 받아야 합니다.